Der Konzeptionstag

Schritt für Schritt zum pädagogischen Profil

Ulrike Pföhler & Kurt Weber

2. Auflage 2020

Carl Link

Bibliografische Information der Deutschen Nationalbibliothek
Die Deutsche Nationalbibliothek verzeichnet diese Publikation in der Deutschen Nationalbibliografie; detaillierte bibliografische Daten sind im Internet über http://dnb.d-nb.de abrufbar.

ISBN 978-3-556-08243-0

www.wolterskluwer.de

Umschlagkonzeption: Martina Busch, Grafikdesign, Homburg-Kirrberg
Umschlagfoto: © barameefotolia – fotolia.com
Satz: Datagroup-Int SRL, Timisoara, Romania
Druck und Weiterverarbeitung: Williams Lea & Tag GmbH, München

Gedruckt auf säurefreiem, alterungsbeständigem und chlorfreiem Papier.

Inhaltsverzeichnis

Vorwort

Im Titel »Der Konzeptionstag: Schritt für Schritt zum pädagogischen Profil« steckt Wahres und zugleich nicht ganz Zutreffendes, ja, sogar Irreführendes. Richtig ist, dass Sie das pädagogische Profil Ihrer Kita stetig schärfen, wenn Sie sich mit bestmöglicher Qualität auseinandersetzen und diese in einer Konzeption beschreiben. Richtig ist auch, dass die Konzeptionsarbeit ein länger andauernder Entwicklungsprozess ist, nicht »von null auf hundert« hingezaubert, sozusagen aus dem Ärmel geschüttelt, werden kann. Deswegen ist irreführend, wenn davon ausgegangen wird, dass das Ganze an einem einzigen Konzeptionstag zu bewerkstelligen ist. Wie gesagt, Konzeptionsarbeit ist ein Prozess. Und ein Prozess braucht Zeit, um wirkliche Qualität entstehen zu lassen. Ein »kurzer Prozess« lässt häufig nicht viel Gutes erwarten. Deshalb ist notwendig, »Schritt für Schritt« vorwärts zu gehen und diese Schritte sorgsam zu planen.

Einen solch komplexen Prozess auf die Schiene zu setzen ist zwar eine anspruchsvolle Herausforderung aber keine Sache der Unmöglichkeit. Folgen Sie diesem Praxisleitfaden, dann reduziert sich die Komplexität ganz erheblich und es zeigt sich Ihnen, welche Schritte Sie wann und wie zu tun haben. Er gibt Ihnen eine Landkarte an die Hand, mit der Sie sich orientieren können. Denn als Leitung tragen Sie die Verantwortung für das Gelingen und sind Garant/in dafür, das Ziel der Konzeptionserstellung zu erreichen. Als Managerin des Entwicklungsprozesses brauchen Sie aber an erster Stelle selbst Orientierung. Denn nur so können Sie Ihren Mitarbeiter/innen Wege zum Ziel und somit zum Erfolg aufzeigen.

Wir wagen den Vergleich mit einer Expedition in den extremen alpinen Bereich. Wollen Sie einen sehr hohen und schwierigen Berg besteigen, dann brauchen Sie eine Bergführerin bzw. einen Bergführer, die bzw. der erstens so berg- und expeditionserfahren ist, die Etappen so zu planen, dass sie den Möglichkeiten der Teilnehmer/innen der Gruppe angemessen sind. Zweitens muss sich diese Führungsperson in der konkreten Bergregion, hier dem Arbeitsfeld Kita, auskennen und wissen, wo mit Gefahren, Risiken und »Fallen« gerechnet werden muss und welches der erfolgsversprechende Weg zum Ziel ist. Wie bei einer Bergbesteigung wird es auch bei der Konzeptionsarbeit nie den direkten und kurzen Weg zum Erfolg geben. Es kann sein, dass ein Stück des Weges, des Aufstiegs leicht und schnell geht. Es kann aber auch sein, dass urplötzlich das Ganze ins Stocken gerät, einzelne Schritte nur extrem mühsam und kraftaufwendig machbar sind. Und nicht selten wird nach einer zurückgelegten Wegstrecke bemerkt, dass eine andere Streckenführung günstiger gewesen wäre, der gewählte Weg nicht zum erhofften Ziel geführt hat. Ebenso wird eine besonnene Bergführung darauf achten, die Gruppe nicht zu überfordern und auch Zeiten der Regeneration einplanen. Dies trifft ebenso auf die Konzeptionsarbeit zu. Auch hier muss das Prinzip »work in process« gelten. Ein Stück des Weges gehen, innehalten, erproben, bestätigen oder nachbessern und dann weitere Schritte folgen lassen. Weiter kann eine Expedition nur dann erfolgreich sein, wenn die »Mannschaft« als Ganzes zusammenbleibt, kein Mitglied »verloren« geht. Deshalb ist wichtig darauf zu achten, dass die Schrittfrequenz bzw. Entwicklungsgeschwindigkeit für alle passt. Ziel dieser Formularbroschüre ist, Ihnen eine Unterstützung bei der Konzeptionsentwicklung und -fortschreibung zu geben sowie Ihnen aufzuzeigen, wie Sie Mitarbeiter/innen mitnehmen, mit welchen Schritten Sie an diese Arbeit herangehen und wie Sie zum Erfolg kommen können.

Gerne geben wir Ihnen an dieser Stelle ein Zitat von Dorothee Jacobs mit auf den Weg:
Die fünf Zwillingspaare eines guten Arbeitsklimas
Wertschätzung und Ermutigung
Gemeinschaftssinn und Eigensinn
Regeln und Freiheiten
Fehlersolidarität und Fehlerrückmeldung
Zielverfolgung und Zeit-haben-dürfen
und wünschen Ihnen viel Erfolg bei Ihrem gelingenden Konzeptionsentwicklungsprozess.

Ulrike Pföhler und Kurt Weber

1 Die Kita-Konzeption: Das pädagogische Profil Ihrer Einrichtung

Pädagogische Konzeptionen ohne laufende Aktualisierung, d.h. Anpassung an veränderte Bedingungen, sind unbrauchbar. Oder würden Sie eine Hotelunterkunft unter Verwendung eines 10 Jahre zurückliegenden Prospektes buchen? Ich denke nicht.

Konzeptionen brauchen durch die gesellschaftlichen, politischen, gesetzlichen und pädagogischen Veränderungen sowie aufgrund der wissenschaftlich neu gewonnenen Erkenntnisse eine kontinuierliche Fortschreibung. Nehmen Sie zum Beispiel das Wissen aus der Bindungsforschung oder der Hirnforschung, das die Arbeit in den Kitas auf ganz neue Beine gestellt hat. Oder die Orientierungs- oder Bildungspläne der Länder sowie die neuen Fach- und Handlungskonzepte, mit denen die Umsetzung vorgenommen wird. Dies alles hat zu ganz neuen Formen der Arbeit geführt und völlig neue Anforderungen an die Fachkräfte gestellt.

Konzeptionen, die nicht auf dem neuesten Stand sind, geben keine Auskunft darüber, wie tatsächlich in der Kita gearbeitet wird.

Eine Konzeption erfüllt dann ihre Bestimmung, wenn die darin beschriebenen Inhalte, Formen, Maßnahmen, Strukturen, Prozesse etc. der pädagogischen Arbeit der Einrichtung eindeutig und aktuell sind, wenn Haltungen der Mitarbeiter/innen und deren Arbeitsschwerpunkte deutlich erkennbar und somit für Eltern und zukünftige Mitarbeiter/innen vergleichbar sind. Eine dergestalt verfasste Konzeption stellt eine wertvolle Entscheidungshilfe und Informationsquelle dar.

Machen Sie sich bewusst, dass Sie sich und der Einrichtung keinen Gefallen tun, wenn Sie die Arbeit in der Kita hochstilisiert und nicht an der realen Praxis orientiert darstellen. Eine aussagekräftige Konzeption muss der Realität entsprechen und es muss das »drinstehen, was auch wirklich überprüfbar drinnen ist«. Mit einer für Ihre Kita typischen und passenden Konzeption beschreiben Sie ein unverwechselbares Einrichtungsprofil, mit dem Sie sich gegenüber Mitbewerbern positiv abgrenzen. Dieses eindeutige Profil wird gegebenenfalls ausschlaggebend für Kundinnen und Kunden sein, die sich am »Kita-Markt« orientieren wollen. Denn mit zunehmender Tendenz entscheiden sich Eltern ganz bewusst, welche Kindertageseinrichtung für ihr Kind am besten ist. Allerdings gehört zu einer seriösen Konzeption auch, dass Sie in näherer Zukunft geplante wesentliche Veränderungen beschreiben. Haben Sie z.B. vor, sich von einer aktuell »halboffenen« zu einer offenen Gruppenstruktur zu verändern, dann kann das für Außenstehende bedeutsam und entscheidungsrelevant sein. Bitte bedenken Sie stets, dass das Leistungsangebot der Einrichtung und natürlich die Qualität der Leistungserbringung im Zuge der demografischen Entwicklung und zugleich der dann zur Verfügung stehenden Plätze darüber entscheiden wird, welche Kita welche Auslastung und dadurch eine »Existenzberechtigung« haben wird. Konzeptionsarbeit ist deshalb immer auch zukunftssichernde Öffentlichkeitsarbeit und ein Teil des Marketings gemäß dem Motto »Tue Gutes und rede darüber«.

Nicht wenige halten die Erstellung einer Konzeption für eine Aufgabe, die man machen kann, aber nicht unbedingt machen muss. All diejenigen irren. Denn die Erstellung einer aktuellen Konzeption ist eine gesetzlich vorgegebene zwingende Voraussetzung für den Erhalt einer Betriebserlaubnis.

§ 22 SGB VIII gibt vor:

»Die Träger der öffentlichen Jugendhilfe sollen die Qualität der Förderung in ihren Einrichtungen durch geeignete Maßnahmen sicherstellen und weiterentwickeln. Dazu gehören die Entwicklung und der Einsatz einer pädagogischen Konzeption als Grundlage für die Erfüllung des Förderungsauftrags sowie der Einsatz von Instrumenten und Verfahren zur Evaluation der Arbeit in den Einrichtungen«.

§ 45 Abs. 3 Nr. 1 SGB VIII: *»Zur Prüfung der Voraussetzung hat der Träger der Einrichtung mit dem Antrag die Konzeption der Einrichtung vorzulegen«.*

Aufwand und Ertrag der Konzeptionsarbeit	
für die pädagogischen Fachkräfte	**für die Eltern und Öffentlichkeit**
• Weiterentwicklung von Teams als auch einzelner Mitarbeiter/innen durch die fachlichen Diskurse • Verständigung auf gemeinsam getragene Vorgehensweisen entsteht • Gemeinsame Reflexion von Zielen, Haltungen, Vorstellungen • Verknüpfung und Zusammendenken von verschiedenen Ansätzen • Erkennbar machen bedeutsamer persönlicher Erziehungsziele sowie von Kompetenzen, Fähigkeiten, Leidenschaften • Festlegung von pädagogischen Prinzipien zur Sicherung von Orientierung • Erleichterung der Einarbeitung neuer pädagogischer Fachkräfte • Zukunftssicherung und Konkurrenzfähigkeit durch innovative Konzeptionsarbeit • Konzeptionsarbeit ist Öffentlichkeitsarbeit und ein Teil des Marketings	• Erhöhung der Transparenz, was in der Kita im pädagogischen Alltag passiert • Die Komplexität der pädagogischen Arbeit wird nachvollzieh- und erkennbar gemacht • Steigerung der Wahrnehmung durch Außendarstellung • Leichtere und bessere Vergleichbarkeit der konzeptionellen Basis und pädagogischen Angebote und Maßnahmen • Haltungen der Mitarbeiter/innen und die Arbeitsschwerpunkte werden erkennbar • Verlässlichkeit als Entscheidungshilfe für Eltern und zukünftige Mitarbeiter/innen steigt

2 Vorbereitung des Konzeptionstags

Bevor Sie sich an die Arbeit machen, ist zu klären, ob Sie eine Erstkonzeption entwerfen. Das kann der Fall sein, wenn Sie in einer neu eröffneten Kita die Leitung übernommen haben oder aber feststellen, dass die bisher der Arbeit zugrunde liegende Konzeption in Gänze der Aktualität anzupassen ist. Es kann aber sein, dass Teile der vorhandenen Konzeption noch stimmen und lediglich partielle Modifizierungen erforderlich sind. Weiter könnte sein, dass Sie grundsätzlich einen neuen Blick auf die vorhandene Konzeption werfen wollen, um zu überprüfen, ob sie der praktizierten Realität entspricht, oder die Inhalte wieder stärker ins Bewusstsein treten sollen bzw. neue Mitarbeiter/innen mit ins Boot geholt und mit den konzeptionellen Grundlagen bekannt gemacht werden sollen.

Wir empfehlen jedoch, unabhängig vom konkreten Anlass der Konzeptionsarbeit, stets auf alle konzeptionellen Aspekte den Blick zu richten. Das Risiko, manche wichtigen Punkte leichtfertig zu übergehen, ist nicht gering, neigt doch der Großteil zur Bequemlichkeit und Vereinfachung. Machen Sie sich die Mühe und nehmen Sie sich deshalb alle Punkte vor. Überprüfen Sie, was wirklich noch stimmig ist und vertiefen Sie die inhaltlichen Bereiche, die entweder nicht mehr aktuell oder noch gar nicht vorhanden sind. So sind Sie auf der sicheren Seite.

Was sagt diese Vorplanung über das weitere Vorgehen aus?

In welcher Breite und Tiefe Sie in die Konzeptionsarbeit einsteigen müssen ist davon abhängig, welche Punkte nicht mehr der Aktualität entsprechen. Sind es rein »äußerliche« Aspekte, wie z.B. die Anzahl der Kinder oder Gruppen oder aber die Öffnungs- und Betreuungszeiten, dann haben Sie tatsächlich eine sehr überschaubare Arbeit vor sich. Sind aber inhaltliche Punkte tangiert, die das pädagogische Konzept, das Angebot der pädagogischen Maßnahmen oder eine veränderte Haltung z. B. zum Bild vom Kind und wie es lernt, betreffen, dann können Sie keine »Schönheitsreparatur« vornehmen. Dann ist es geboten, Manches »über Bord zu werfen« und von Grund auf neu aufzubauen.

Tipp

Wir empfehlen, die Konzeption einmal im Jahr im gesamten Team zu reflektieren und Inhalte, die sich verändert haben, zu korrigieren. Dies sichert, dass sich die pädagogischen Fachkräfte mit ihr identifizieren können und die Ergebnisse als Maßstab für ihre Arbeit nutzen.

2.1 Wer macht mit? Die Beteiligten und ihre Aufgaben

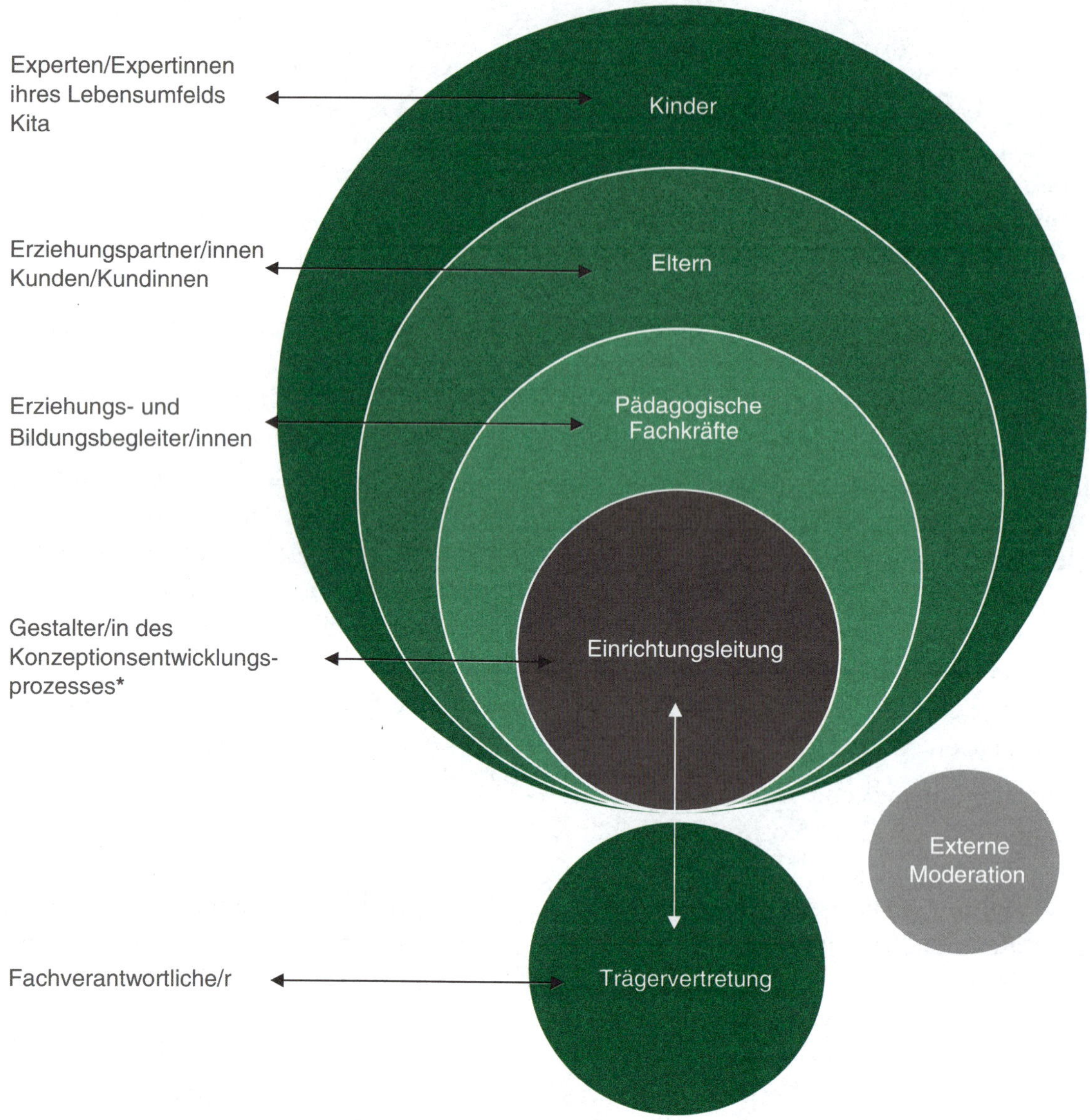

*** Konzeptionsarbeit – ist die Leitung denn tatsächlich so wichtig?**

Und wie!

Während des Prozesses der Konzeptionsentwicklung kommt der Leitung eine besondere Bedeutung zu. Leitung hat mehrere für den Erfolg bedeutsame Rollen und Aufgaben: Kapitän/in, Motivator/in, Strukturierer/in, Entscheider/in, Berater/in, Mediator/in u.v.a. Dies bedeutet, dass Leitung zwar einerseits Teil des Teams ist und inhaltlich gleichberechtigt mitarbeitet, sie sich andererseits aber durch ihre besonderen Aufgaben von den Teilnehmer/innen am Prozess unterscheidet, d.h. eine exponierte Position einnimmt. Und genau diese zweigeteilte Funktion ist eindeutig zu benennen und transparent zu machen, insbesondere dann, wenn nicht auf eine externe Moderation zurückgegriffen wird. Von den Fähigkeiten der Leitung und wie es ihr gelingt, die verschiedenen Rollen und Aufgaben auszufüllen, hängt es also in hohem Maße ab, ob der Prozess insgesamt zu einem guten Ergebnis gelangt. (vgl. Weber, S. 13)

2.2 Typische Fehler vermeiden

Kennen Sie diese Sätze?

- »Konzeption ist doch Leitungsaufgabe – dafür ist sie ja schließlich freigestellt!«
- »Bei dem Personalmangel ist es undenkbar, dass wir als pädagogische Fachkräfte so viel Zeit in konzeptionelles Arbeiten investieren!«
- »Das wäre ja noch schöner, wenn Eltern an der Konzeptionsentwicklung beteiligt sein sollen, dann kontrollieren sie nicht nur, sondern diktieren uns sogar die Arbeit...«

Diese oder ähnliche Totschlagargumente hören Leitungen von Kindertageseinrichtungen häufig, wenn sie ihr Team mit der Aufgabe der Konzeptionsentwicklung konfrontieren. Um dem Widerstand zu entgehen oder die Arbeit in überschaubarer Zeit bewerkstelligen zu können, neigen Leitungen dazu, die Konzeption im »stillen Kämmerlein« zu schreiben oder nur einen Teil der Mitarbeiter/innen zu beteiligen.

Doch ist das sinnvoll?

Wenn Konzeptionsentwicklung als Einstieg in das Qualitätsmanagement verstanden wird, dann ist es wichtig, dass alle Personen, die am Alltag der Kindertageseinrichtung teilhaben, einbezogen werden. Dies stellt für die Beteiligten ein Lernfeld dar, in einem gemeinsamen Reflexionsprozess die pädagogische Qualität weiter zu entwickeln und zu verbessern.

Ein weiteres Risiko ist, die Konzeption lediglich als Produkt für die Erlangung der Betriebserlaubnis zu erstellen und sie vor Ort in der Schublade verschwinden zu lassen.

Eine Konzeption muss in der Kindertageseinrichtung sichtbar sein! Und zwar auf mehreren Ebenen:

- In allen Phasen der Entstehung ist es hilfreich im Sinne der Transparenz gegenüber den Beteiligten, den Entwicklungsprozess zu dokumentieren. Dies kann durch das Aufhängen der Arbeitspapiere und Wandzeitungen im Teamzimmer passieren und auch durch eine einfache, übersichtliche aber anregende Form der Dokumentation im Elternbereich.
- Ein »Werkstattordner«, in dem zu jedem Thema des Musterinhaltsverzeichnisses Fachartikel, bereits geschriebenes oder erhaltenswertes aus der bisherigen Konzeption gesammelt wird, wird ab der Planungsphase für alle Teammitglieder sichtbar ausgelegt und die Leitung lädt dazu ein, diesen zu nutzen.
- Texte, die erstellt wurden, zum Beispiel das Kapitel »Zusammenarbeit mit Eltern« können mit Eltern oder Teilen der Elternschaft besprochen und ergänzt werden. Rückmeldungen von Dritten sind hilfreich für die weitere konzeptionelle Arbeit, machen das Tun des Teams transparent und sichern Beteiligung.
- Nach der Fertigstellung liegt die Konzeption sichtbar aus und steht sowohl den pädagogischen Fachkräften als auch den Müttern und Vätern als Grundlage der pädagogischen Arbeit und Orientierung zur Verfügung. Sie dient der Reflexion der täglichen Arbeit, macht diese überprüfbar und ist Ausgangspunkt für die Weiterentwicklung.

Häufige Falle: Konzeption erstellt – Gott sei Dank – Haken dran. Und was kommt jetzt?

Wer so vorgeht, nimmt sich die Chance der Weiterentwicklung durch und im pädagogischen Alltag. Konzeptionsarbeit als »Permanentprojekt« (Jacobs, 2009) zu verstehen ist ein wichtiger Meilenstein in der Qualitätsentwicklung der Kindertageseinrichtung und eine Chance für das ganze Team. Ausgehend vom Istzustand wird im Sinne des Qualitätszirkels die Arbeit immer wieder überprüft, den aktuellen Erfordernissen angepasst, festgeschrieben und erneut daran gearbeitet, wieder überprüft usw.

2.3 Konzeption als kontinuierlicher Prozess: Phasen der Konzeptionsentwicklung

	Fachberatung/ Dienst- und Fachaufsicht	**Leitung der Kindertageseinrichtung**
Planungsphase **Anlass:** • Neubau • Auftrag Aufsichtsbehörde, z.B. wegen Betriebsformenänderung • Trägerauftrag • Aktualisierung, Reflexion und Weiterentwicklung	• Vermittelt Leitidee, Rechtsgrundlagen, Trägerrolle etc. • Delegation der Aufgabe Konzeptionserstellung an Einrichtungsleitung • Trägervorgaben zur Verfügung stellen und Rahmen bieten o Fachliteratur o methodisches Know-how o Unterstützung o Terminüberwachung	• Arbeitsplanung und Prozessgestaltung • Eigene Rolle im Prozess benennen: Mitarbeit und Entscheidung in Person • Rollen und Aufgaben der anderen Beteiligten klären und transparent machen • Thema, Ziel, Minimalziel definieren o was o mit wem (Delegation von Teilaufgaben an Mitarbeiter mit klarer Befugnis) o wann (Zeitplan) o wo o warum • Sichtung bestehender Konzeption o Themensammlungen (Werkstattordner) o Fachliteratur o weitere Konzeptionen • Rahmenbedingungen für Mitarbeiter/innen sicher stellen
Entwicklungsphase • Arbeitsphase	• Genehmigt Konzeptionstage (KT) • Befürwortet KT gegenüber Eltern • stellt Ressourcen zur Verfügung, wie Raum, Material, Moderation • Begrüßung und punktuelle Teilnahme an den Konzeptionstagen	• Übernimmt Gesprächsführung an den KT und lenkt den Prozess • entwickelt Methoden und führt diese durch • betraut pädagogische Fachkräfte anhand ihrer Stärken mit Aufgaben der Konzeption • benennt eigene Vorstellungen und Visionen klar • nimmt Richtlinienkompetenz wahr • benennt Gestaltungsspielraum und gesetzte Themen
Abschlussphase • Schreibphase und redaktionelles Arbeiten	• Auseinandersetzung mit Rohmanuskript und Dialog über Veränderungswünsche • Abnahme der Konzeption o Konzeption ist Teil des Betreuungsvertrags • Umsetzung der Konzeption überwachen	• Redaktionsteam bestimmen Endredaktion

Pädagogische Fachkräfte	Eltern	Kinder
• Themenverantwortliche verschaffen sich Know-how in ihrem jeweiligen Themenbereich und bearbeiten Themen im Rahmen der Vorgaben der Einrichtungsleitung • Dokumentation der Entwicklungsschritte im Sinne der Transparenz für Eltern	• Die Einrichtungsleitung informiert über: o Termin o Inhalt o Gewinn einer Konzeption informiert • Befragung bzgl. der Wichtigkeit von Themen • Möglichkeit Fragen und Bedenken äußern • Erhalten Transparenz über ihre Rolle im Prozess	• Beteiligung durch die Leitung und Mitarbeiter/innen im Rahmen der Kinderkonferenz beteiligt: o Was ist Kindern in der Tageseinrichtung wichtig? o Traumkita malen o Zufriedenheit mit Regeln
• Bringen ihre Themen ein o Fachlich-inhaltliche Auseinandersetzung o engagierte und intensive Beteiligung am Prozess o Bereicherung durch eigene Anteile	• Laufende Info und Transparenz durch Dokumentation der Prozessschritte • Beteiligung phasenweise oder themenorientiert	• Kinder werden als Experten/Expertinnen der Kita und aktive Bildungspartner einbezogen
• Schriftliche Zusammenstellung des eigenen Themas	• Werden je nach Ressource und Kompetenz einbezogen	

2.4 Gut vorbereitet: Musterinhaltsverzeichnis einer Konzeption

Musterinhaltsverzeichnis

- ☑ Vorwort/Leitsatz der Kindertageseinrichtung/Zitat
- ☑ Auf einen Blick: Die Kindertageseinrichtung stellt sich vor
  - ☑ Ansprechpartner/in
  - ☑ Anschrift
  - ☑ Homepage
  - ☑ Adresse der Trägervertretung
  - ☑ Kinderzahl
  - ☑ Alter
  - ☑ Betreuungsform
  - ☑ Öffnungszeiten
  - ☑ Einzugsgebiet der Kindertageseinrichtung
  - ☑ Personal
- ☑ Tagesstruktur
  - ☑ Bausteine des Tagesablaufs, Ziele und Funktion
  - ☑ Gruppenstrukturen
  - ☑ Angebots- und Projektformen
- ☑ Raumkonzept und Bildungsbereiche im Innen- und Außenbereich
- ☑ Pädagogische Grundlagen – so verstehen wir unsere pädagogische Arbeit
  - ☑ Bildungsauftrag und pädagogisches Handlungskonzept
  - ☑ Bild vom Kind/Rolle und Aufgabe der pädagogischen Fachkraft
  - ☑ Partizipation und Beteiligung von Kindern im Alltag der Kita
  - ☑ Erziehungsziele
  - ☑ Ausbildung konzeptioneller Schwerpunkte
  - ☑ Kinder von 0–3 Jahren
  - ☑ Sprache und Sprachförderung
  - ☑ Integrative und inklusive Betreuung, Bildung und Erziehung
  - ☑ Diversity
  - ☑ Gender in der Tageseinrichtung
  - ☑ Kinderschutz
  - ☑ Kinder- und Familienzentren
- ☑ Erziehungspartnerschaft/Zusammenarbeit mit Eltern
- ☑ Kooperationen und Vernetzung im Stadtteil
- ☑ Zusammenarbeit mit der Schule
- ☑ Qualitätsmanagement
- ☑ Beschwerdemanagement
- ☑ Konfliktmanagement
- ☑ Fundraising
- ☑ Marketing

3 Die Konzeption als offizielles Dokument: Gestaltung, Layout, Datenschutz

Konzeptionen sollten so gestaltet sein, dass sie als schöne Printprodukte gern in die Hände genommen werden. Und zwar von allen: Eltern, Kindern, pädagogischen Fachkräften und der Trägervertretung. Eine Konzeption ist das Aushängeschild und die Visitenkarte für die Kindertageseinrichtung. Dies gilt auch und noch immer in Zeiten des Internets.

Eine Konzeption wird dann gerne gelesen und angeschaut, wenn

- ☑ die Titelseite und Gesamtlayout attraktiv und ansprechend gestaltet sind.
- ☑ eine warme, zugewandte Sprache benutzt wird.
- ☑ bildhafte Darstellungen und Fotos den Text lebendig werden lassen.
- ☑ die konkrete Arbeit der Kindertageseinrichtung beschrieben wird.

Sie ist ein Teil der Öffentlichkeitsarbeit und sollte deshalb nicht »handgestrickt«, sondern professionell aufbereitet sein. Es lohnt sich, die finanziellen und gestalterischen Spielräume mit dem Träger auszuhandeln. Hat er den Gewinn einer Konzeption erkannt, besteht in der Regel ein Interesse an einem guten Auftritt und der Möglichkeit, die Konzeption auch im Internet auf der Homepage einstellen zu lassen. Sollte es mehrere Kindertageseinrichtungen in einer Trägerschaft geben, empfiehlt sich ein gemeinsames Erscheinungsbild im Sinne einer »Corporate Identity«, sodass ein unverwechselbares Selbstbild entsteht.

Für die Gestaltung und das Layout sind folgende Fragen hilfreich:

- Welche Zielgruppen wollen wir erreichen?
- Welche Wiedererkennungsmerkmale nutzen wir?
- Welche Ressourcen, Kontakte und Potenziale haben wir?
- Welche internen und externen Vorgaben müssen wir berücksichtigen?
- Welche finanziellen Mittel stehen uns zur Verfügung?

(vgl. Jacobs 2009, S. 161 f.)

Checkliste für Layout und Gestaltung

Deckblatt/Cover	Innenseite Cover oder erste Seite
☺ soll Sympathie wecken ☺ Auf einen Blick: Worum geht es, wer möchte sich wem mitteilen ☺ soll ästhetisch ansprechend und ausreichend informativ sein ☺ Inhalt, Schrift und Bild greifen stimmig ineinander ☺ sollte folgende Informationen enthalten: – Name der Kita – Aussagekräftiger Untertitel/Slogan »Herzstück der Pädagogik« – Logo der Kita und/oder des Trägers	☺ Name der Kita ☺ Anschrift ☺ Webauftritt der Kita ☺ Impressum mit – Trägernamen und Adresse – Ansprechpartner/in – Angaben der Gestaltung – Stand/Datum – Auflagenhöhe – Redaktion (Hauptverantwortliche) – Druck (Druckerei o.ä.) – Bildnachweis
Aufbau einer Seite	**Gestaltungselemente**
☺ Klare, markante und gut lesbare Schrift ☺ Zeilenabstand 1,5 ☺ Blocksatz ☺ Seitenzahlen ☺ Gestaltungselemente harmonisch positionieren und auf Verbindung zum Text achten ☺ Farbe bewusst und sparsam einsetzen	☺ Kinderzeichnung ☺ Fotos von tätigen Kindern, Erwachsenen (Achtung! Nur mit Zustimmung des Erwachsenen/Sorgeberechtigten Elternteils, Persönlichkeitsrecht/»Recht am Bild«) ☺ Fotos von Bildungsbereichen ☺ Fotos des Gebäudes und Gartens (auf Qualität aller Fotos beachten) ☺ Zitate (sparsam verwenden und Verfasser/Quelle angeben) ☺ Logos ☺ Tabellen

4 Auf dem Weg zum Ziel durch Moderation

Bevor Sie sich an die Arbeit machen, muss geklärt werden, wer in den jeweiligen Entwicklungsphasen, Arbeitsschritten bzw. Themen »den Hut aufhat«. Denn ohne Festlegung, wer die Gruppe bei der Erarbeitung moderierend unterstützt, ist die Gefahr groß, dass man sich in häufig zermürbenden und unergiebigen Endlosdiskussionen verliert und der Weg zum Ziel aus dem Blick gerät.

Moderation ist, gerade bei größeren Gruppen, erstens notwendig und zweitens schwieriger. In der Praxis ist es häufig übliche Sitte, dass reihum moderiert oder es als originäre Leitungsaufgabe gesehen wird. Ersteres würde aber voraussetzen, dass alle Mitarbeiter/innen gleichermaßen gut dazu in der Lage sind. Moderationskompetenz wird aber nicht per Geburt angeeignet, sondern muss durch oftmalige Übung erworben werden. Zudem ist es auch Typsache, ob jemand die Moderationsrolle gut ausfüllen kann. Zweites trifft natürlich zu, denn Moderation ist grundsätzlich Leitungsgeschäft. Sie müssen sich für zielgerichtetes Arbeiten einsetzen und selbstverständlich braucht eine Führungskraft deshalb eine gute Moderationskompetenz.

Dennoch muss oder soll die Leitung nicht in jedem Fall die Moderationsaufgabe übernehmen. Möchte sich eine Leitung in den Diskussionsprozess mit eigenen Positionen und fachlichen Meinungen einbringen und ein gewisses Ziel verfolgen, dann kann sie nicht zeitgleich moderieren. Sie kann nicht in ihren Rollen »Leitung« und »Moderator/in« hin und her switchen, denn das ist für den Gruppenprozess hinderlich. Will sie sich einbringen, dann muss sie in solch einem Fall die Moderation aus der Hand geben und an eine moderationsgeeignete Fachkraft delegieren. Übernimmt eine Leitung die Moderation, dann signalisiert sie durch diese »neutral« Funktion, dass sie ergebnisoffen ist. Hat sie dagegen klare Vorstellun gen, die sie nicht oder nur bedingt zur Diskussion zu stellen bereit ist, dann moderiert sie nicht, sondern leitet eine Besprechung in die von ihr vorgegebene Richtung und trifft am Ende eine Entscheidung. Um Verirrungen und Verwirrungen zu vermeiden, ist es deshalb ratsam, dass die Leitung vor Arbeitsbeginn jeweils klar festlegt, bei welchen Themen sie selbst leitet, moderiert oder per Delegation dies einer Fachkraft überträgt.

4.1 Grundsätzliches zu Moderation

Was heißt Moderation?

- »Moderare« (lateinisch) bedeutet »ein Maß setzen/mäßigen«
- »Durch ein Gespräch führen«
- Moderation nimmt eine Mittlerfunktion ein um Prozesse zu Ergebnissen und Zielen zu führen.

Moderation – wozu?

- Gemeinsam Ziele verfolgen
- Bewertendes Klima verhindern
- Struktur sicherstellen

Moderation ist...

- ...die systematische Unterstützung einer Gruppe durch ein oder mehrere Personen mit dem Ziel, einen Meinungs- und Willensbildungsprozess der Gruppenmitglieder zu initiieren und zu koordinieren.

Moderatoren/Moderatorinnen sind...

- ...methodische Helfer/innen, die eigenen Meinungen, Ziele und Wertungen zurückstellen (müssen) und für die Beteiligung aller Gruppenmitglieder sorgen sollen.
- Sie helfen der Gruppe, zielstrebig ihre Inhalte zu verfolgen.

Aufgabe von Moderatoren/Moderatorinnen

- Sie unterstützen Teilnehmer/innen, in möglichst störungsfreier Kommunikation zu praxisnahen Lösungen zu gelangen.
- Sie steuern, motivieren und unterstützen die Gruppe hinsichtlich der Problemlösungstechniken und Ergebnisfindung.

Wichtig

Moderation ist für den Prozess und die Gruppe ist für den Inhalt zuständig.

4.2 Leitlinien für die Moderation von Gruppen

Eine Gruppe kann viel mehr erreichen, als jedes einzelne Gruppenmitglied sich vorstellt!

- Synergien
- Kreativität
- Potenzial

Vertrauen Sie den Ressourcen der Gruppe!

- Gruppe verfügt über Potenziale
- Blick für Kompetenzen öffnen/schärfen

Respektieren Sie jedes Gruppenmitglied!

- gleichmäßig verteilte Wertschätzung
- keine Benachteiligung/Ignoranz Einzelner
- keine Parteiergreifung

Behalten Sie stets das Ziel der Veranstaltung im Blick!

- Zu Beginn genaue Zielbeschreibung vornehmen und Zustimmung der Teilnehmer/innen einholen
- Visualisierung
- Abweichungen signalisieren

Sorgen Sie dafür, dass ungestörtes Lernen und Experimentieren möglich ist!

- störungsfreie Zone sicherstellen, Ablenkungen reduzieren
- »Energetische Ausbrüche« aufgreifen und der Gruppe bei der Überbrückung von schwierigen Situationen assistieren

Arbeiten Sie flexibel!

- Methodenvielfalt/Abwechslung
- Planung und Flexibilität sind notwendig.
- Es kommt anders als man denkt!

Denken Sie daran, dass am Anfang die Fundamente gelegt werden!

- Rennen werden meist am Start verloren.
- Unterteilen Sie den Prozess in Anfang, Mitte und Ende.
- positive Arbeitsatmosphäre ist entscheidend

Alles, was geschieht, ist von Bedeutung!

- Gesagtes, Non-Verbales in der Gruppenarbeit, in Seitengesprächen und Pausen geben wichtige Signale für den Stand der Gruppe und den Prozess
- Denken Sie daran »man kann nicht nicht kommunizieren«!

Arbeiten Sie an Konflikten!

- Rechnen Sie mit schwierigen Situationen – sie kommen garantiert.
- Harmonisieren Sie nicht zu deren Verhinderung.
- Ermutigen Sie die Teilnehmer/innen zum offenen Austragen und unterstützen Sie dabei.

Seien Sie ehrlich!

- Versuchen Sie kein übermenschlicher Profi zu sein.
- Machen Sie sich mit Ihren Stärken und Schwächen erlebbar – das ermutigt.
- Seien Sie Modell als Maßstab für Offenheit.

Schärfen Sie Ihre Beobachtung!

- Registrieren Sie, was wie, in welcher Sprache und mit welcher Mimik gesagt wird.
- Machen Sie eine Interaktionsanalyse (Strichliste der Beteiligung).
- Erfassen Sie, wie sich die Gruppe strukturiert (Subsysteme/Aussteiger/Einzelkämpfer/...).

Arbeiten Sie mit Vorschlägen und Fragen!

- Folgen Sie der Devise: »Wer fragt, der führt«.
- Üben Sie sich in Geduld und vermeiden Sie Ratschläge.
- Vorschläge als Handlungsoptionen – ja

Entwickeln Sie Sensibilität für kulturelle Unterschiede!

- Berücksichtigen Sie unterschiedliche Wertvorstellungen, Bräuche, Rituale und Empfindlichkeiten.
- Nichtwissen spezifischer Kenntnisse ist kein Problem – Desinteresse dagegen schon.

Geizen Sie nicht mit Anerkennung und Wertschätzung!

- Geben Sie positive Rückmeldung nicht nur für »Superleistungen«.
- Honorieren Sie nicht nur Ergebnisse, sondern auch schon Bemühungen.

Nutzen Sie Humor als wichtiges Kapital!

- Sture Verbissenheit und Ernsthaftigkeit erschweren die Arbeit und gehen zulasten eines entspannten Klimas.
- Entschärfen Sie spannungsgeladene Situationen humorvoll und durch Selbstironie.

Beobachten Sie die Gruppenenergie!

- Jede Gruppe hat einen eigenen Rhythmus, orientiert an biologischen Gegebenheiten.
- Wechseln Sie Methoden und planen Sie den Ablauf entsprechend.
- Entwerfen Sie eine passende Dramaturgie.

Geben Sie sich so, wie Sie sind!

- Unsicherheiten sind allen Beteiligten bekannt und natürlich.
- Vertuschen Sie Ihre Unsicherheit nicht, sondern bitten Sie um Unterstützung.
- Bauen Sie auf das Vertrauen und der Hilfsbereitschaft der Gruppe.

Laden Sie zu einem Feedback ein!

- Stimmungsbarometer
- Wichtigste Erkenntnisse
- Zufriedenheit der Gruppenarbeit
- Förderliches und Hinderliches
- Optimierungsvorschläge
- Zufriedenheit mit Moderator/in

Werkzeugkoffer für Moderatoren/Moderatorinnen

Scheren • Klebestifte • CD-Player
Wolle/Schnur • Kurzzeitwecker • Stock/Stein
Glocke/Gong/ Zimbel • Tücher • »Schatztruhe«
Zitatensammlung • Postkarten • Spielsachen aus der Kindheit
Meta-Plan-Karten • Schreibpapier • Zeichenpapier
Flipchart-Papier • Wandzeitungen • Haftnotizen • Karteikarten
Klebepunkte • Klebeband • Filzschreiber • Seidenschals/Chiffontücher
Ölkreiden • Bleistifte • Schreibwerkzeug • Wortmeldeliste • »gelbe und rote Karte«

5 Der Konzeptionstag: Schritt für Schritt zum pädagogischen Profil

Im Folgenden stellen wir Ihnen für jedes Thema des Musterinhaltsverzeichnisses Grundlagen und/oder Checkfragen zur Verfügung, die Ihnen dazu dienen, die wesentlichen Inhalte der Themen für Ihre Konzeption zu erfassen.

Selbstredend erheben diese keinen Anspruch auf Vollständigkeit. Bei jeder Überprüfung der Konzeption können und müssen die Themen differenzierter bearbeitet werden, sodass sie Schritt für Schritt fachlich weiterentwickelt werden.

Auch wenn »Abschauen« verpönt ist, empfehlen wir bei der Konzeptionsentwicklung dringend, sich ein Bild darüber zu machen, wie andere Kindertageseinrichtungen diese Aufgabe bewältigt haben und wie deren Konzeptionen inhaltlich gestaltet sind. Wir verweisen hier auf die praxistaugliche Idee der »Spick-Maps« (Spick-Maps-Methode: »Spicken« – Themenkarten in Form von Mindmaps) von Dorothee Jacobs (Jacobs 2009), die für alle gängigen Themen einer Kindertageseinrichtung Mindmaps entwickelt hat, in denen die Hauptaspekte eines Themas erfasst werden. Sie dienen hervorragend der Überprüfung, ob an alles gedacht wurde oder welche Inhalte noch fehlen.

Beispiel: Mindmap zum Hauptthema »Zusammenarbeit mit den Eltern«

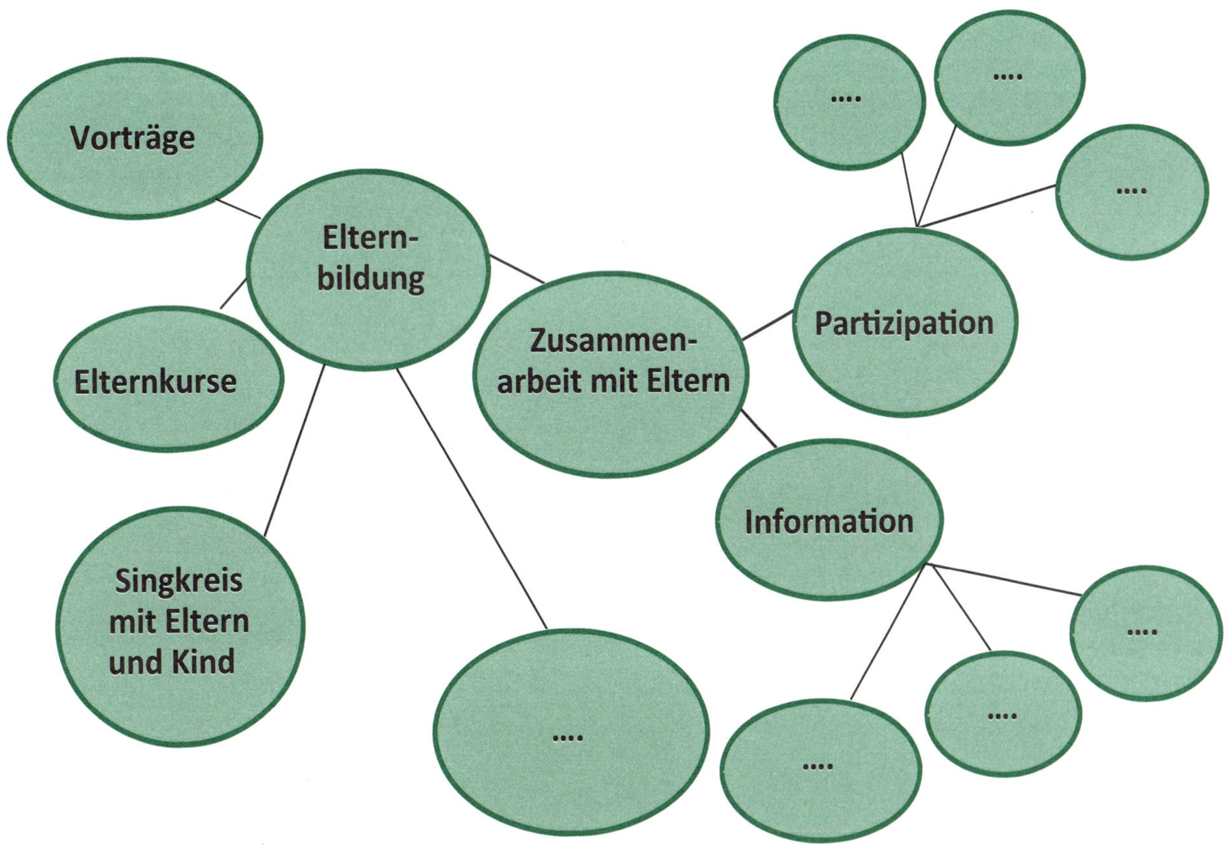

Überprüfung der bestehenden Kita-Konzeption

5.1 Unsere Kita: Analyse des aktuellen Erscheinungsbildes

Das Vorwort und die Einleitung sollen die Leserin/den Leser einladen und neugierig machen. Das Vorwort ist der Türöffner und soll sowohl inhaltlich als auch visuell überzeugen. Es darf nicht erschlagen, sollte aber auch nicht zu knapp formuliert sein. Im Vorwort wird die Leitung am sichtbarsten und es ist wie der Empfang an einer Tür: freundlich lächelnd und persönlich oder eher sachlich-kühl. Eine direkte Ansprache – »Liebe Eltern, liebe Leserin, liebe Leser ...« macht deutlich, wer die Hauptzielgruppe ist und wen Sie in erster Linie im Blick haben.
Ein selbst gefundener Leitsatz/Slogan oder auch ein passendes Zitat sind ein schöner Beginn des Vorworts. Auch hier gilt: Je näher am Thema, je persönlicher, desto authentischer. Trauen Sie sich, an dieser Stelle sich und Ihr Team zu zeigen!
Dies könnte zum Beispiel sein: »Kita Wasserstraße – ein Ort der Geborgenheit und Entdeckung, ein Ort der Begegnung und Vielfalt«.

Fragen, die Sie sich stellen sollten:	Anmerkungen:
Hat sich der Kreis der Adressaten verändert?	
Ist der Anspruch an die sprachliche, grafische und optische Darstellung noch aktuell?	
Hat sich der Kreis der Adressaten verändert?	
Ist die Gestaltung attraktiv und ansprechend?	
Lässt sich die Konzeption leicht lesen?	
Ist die pädagogische Ausrichtung so klar benannt, dass keine Fehlinterpretation möglich ist?	
Ist die Konzeption sowohl eindeutig, informativ als auch interessant?	
Ruft die ganze Erscheinung die richtigen, von Ihnen gewünschten Assoziationen hervor?	

5.2 Strukturelle und organisatorische Veränderungen

Fragen, die Sie sich stellen sollten:	Anmerkungen:
Hat sich das Altersspektrum der Kinder, die in die Kita aufgenommen werden können, verändert?	
Ist die Platzzahl noch aktuell?	
Wurden Änderungen an der Betreuungszeit/Öffnungszeit vorgenommen?	
Sieht der Tagesablauf wesentlich anders aus und was sollt (grob) dargestellt werden?	
Hat sich baulich etwas Neues ergeben?	
Sind neuen Gruppenstrukturen entstanden?	
Sind noch die gleichen Bedingungen im Außenbereich gegeben?	
Hat sich in der direkten Umgebung der Kita etwas verändert?	
Existiert ein anderer Personalschlüssel?	
Haben sich die Kosten oder der Kostenrahmen verändert?	
Ist die Schließzeitenregelung noch aktuell?	
Welche Verfügungszeiten haben die Fachkräfte zwischenzeitlich?	
Hat sich der Umfang der pädagogischen Tage verändert?	
Sind die Reflexions- und Besprechungszeiten noch gültig?	

5.3 Vom Bringen der Kinder bis zur Abholung: Die Tagesstruktur in der Kita

Dieser Teil der Konzeption beschreibt exemplarisch die Bausteine des Tagesablaufs, ihre Ziele und Funktion, sodass Eltern und andere interessierte Leser/innen einen Eindruck des pädagogischen Alltags bekommen. Dies kann in Form einer Tabelle oder eines Schaubildes dargestellt werden.

Die Benennung unterschiedlicher Gruppenstrukturen macht deutlich, wie und wann altershomogen oder altersübergreifend gearbeitet wird und dass das individuelle Kind sowohl Zugänge zu Kindern im selben Alter als auch interessenbezogen zu einer altersgemischten Gruppe erhält. Die Beschreibung der verschiedenen Angebots- und Projektformen ergänzt dieses Kapitel der Konzeption.

Wir raten Ihnen jedoch dazu, die Tagesstruktur nicht bis in die kleinsten Details hinein zu beschreiben, denn so sind Sie in Ihrer Flexibilität eingeschränkt, wenn Sie aktuellen Veränderungen entsprechen wollen. Ist Ihnen aber wichtig, den Eltern die jeweils gültigen »Regularien« mitzuteilen, dann empfehlen wir ein »Einlegeblatt« für die Einrichtungskonzeption

5.4 Pädagogische Grundlagen, Bildungsauftrag und Handlungskonzept

Die gesetzlichen Grundlagen für die Arbeit in Kindertageseinrichtungen und der Bildungsauftrag sind in der Regel in der Rahmenkonzeption des Trägers aufgeführt. Eine Wiederholung in der Konzeption der Kindertageseinrichtung ist in diesem Fall nicht erforderlich. Die Umsetzung der landesweit geltenden Bildungs- und Orientierungspläne erfolgt in den meisten Kindertageseinrichtungen mit frühpädagogischen Handlungskonzepten. Inhaltlich durchgesetzt haben sich hier das infans-Konzept, die Bildungs- und Lerngeschichten sowie das Konzept der Early Excellence Center. Diese sind in der Fachliteratur ausführlich beschrieben und es reicht aus, darauf zu verweisen und nur die Kernaussagen des Konzeptes in die Konzeption aufzunehmen und deren Umsetzung in den pädagogischen Alltag in den folgenden Abschnitten darzustellen.

5.5 Das Bild vom Kind

Auf der Grundlage des pädagogischen Handlungskonzeptes ist das Team immer wieder aufgefordert, über das Bild vom Kind, das jede/r einzelne Mitarbeiter/in hat, in den fachlichen Diskurs zu treten und ein gemeinsames Bild zu formulieren. Dieser Schritt im Rahmen des Konzeptionsentwicklungsprozesses schafft ein hohes Maß an Identität und Verbindung der pädagogischen Fachkräfte und ist leitend für deren Arbeit.

Fragen, die Sie sich stellen sollten:	Anmerkungen:
Steht für uns das einzelne Kind mit seiner individuellen Lebenssituation im Mittelpunkt?	
Bringen wir Mädchen und Jungen Wertschätzung und Vertrauen entgegen?	
Sind für uns Kinder aktive Gestalter ihrer Entwicklung?	
Betrachten wir alle Kinder von Geburt an als kompetent?	
Sehen wir ihre Kompetenzen und Stärken und orientieren wir uns daran?	
Achten wir die Kinder als eigenständige Persönlichkeit, deren Würde den gleichen Stellenwert hat wie die eines Erwachsenen?	
Beachten wir, dass jedes Mädchen und jeder Junge auf seine Weise Erfahrungen sammelt, sich ein eigenes Bild von »seiner Welt« macht und unterstützen wir das Kind dabei entsprechend?	
Betreuen, erziehen und bilden wir alle Kinder ohne Ansehen der Nationalität, der ethnischen Zugehörigkeit, der Religion, ihres Geschlechts, der sozialen Stellung und ihrer körperlichen, seelischen und geistigen Bedingungen?	
Sehen wir Mädchen und Jungen als Welterkunder und lassen wir dies auch zu?	

5.6 Erziehungsziele definieren

Erziehung in Kindertageseinrichtungen muss sich an transparenten und öffentlichen Zielen orientieren. Diese zu beschrieben und das Handeln im pädagogischen Alltag danach auszurichten ist Aufgabe der pädagogischen Fachkräfte.
Ausgangspunkt für die Zielformulierung ist die Frage, über welche Kompetenzen das Kind (wenn es ein erwachsener Mensch ist) verfügen sollte, um sein Leben gut bewältigen zu können.
Um Erziehungsziele im Alltag umsetzbar zu machen ist es unabdingbar, die Schritte zur Zielerreichung in konkreten, überprüfbaren Handlungsschritten zu formulieren.

Fragen, die Sie sich stellen sollten:	Anmerkungen:
Sind die persönlichen Erziehungsziele der Mitarbeiter/innen berücksichtigt?	
Haben wir im Zielkatalog die gesellschaftlichen, politischen, gesetzlichen sowie die trägerseits vorgegebenen Ziele abgebildet?	
Haben wir für alle Bildungsbereich Ziele?	
Sind die Ziele nicht nur »Headlines«, sondern bis auf die Handlungsebenen heruntergebrochen?	
Haben wir die Erziehungsziele der Eltern erkundet und sie mit unseren Zielen abgeglichen?	
Sind den Eltern die Ziele der Kita kommuniziert?	
Ist die Arbeit an Erziehungszielen in regelmäßigen Abständen verortet oder nur anlassbezogen?	
Überprüfen wir laufend, ob sich die Erziehungsziele mit den in der Kita vorhandenen Bedingungen (Räume/Ausstattung etc.) realisieren lassen?	
Machen wir die Einrichtungsziele neuen Mitarbeiter/innen bekannt?	

Konzeptionelle Schwerpunkte setzen

5.7 Raumkonzepte und Bildungsbereiche

Auch wenn es verführerisch ist, alle Bildungsbereiche ausführlich zu beschreiben, ist es an dieser Stelle ausreichend, anhand eines Grundrisses und der darin eingezeichneten Bereiche deutlich zu machen, wie durch die Raumgestaltung und die Auswahl von Material auf die unterschiedlichen Bedürfnisse von Mädchen und Jungen, auf ihre Interessen und Entwicklungsthemen reagiert wird. Plastischer wird dies, indem die Frage: »Was können Mädchen und Jungen in diesem Bildungsbereich entdecken und lernen?« beantwortet wird.
Umschreibungen der Bildungsbereiche machen die Inhalte dort deutlicher, z.B. »Musik: Von Tönen, Klängen und Rhythmen«. (vgl. Weber, 2016, S. 39)

Fragen, die Sie sich stellen sollten:	Anmerkungen:
Decken die Bildungsbereiche das erforderliche Spektrum ab, damit sich Kinder ganzheitlich bilden können?	
Haben wir alle Bildungsbereiche so präsent, dass sie erkennbar sind?	
Lässt sich in den Bildungsbereichen mit der vorhandenen Ausstattung das jeweilige Erziehungsziel erreichen?	
Welche (Selbstbildungs-) Themen spricht der Raum an?	
Welche Materialien sind vorhanden und zu was fordern sie die Kinder auf?	
Passen die räumlichen Gegebenheiten zu ihrer Bestimmung?	
Wie wirkt die Ästhetik (Farbkonzept, Akustik, haptische Vielfalt, Gerüche)?	
Welche Materialien, Instrumente, Werkzeuge etc., findet das Kind vor, um sein Thema zu bearbeiten?	
Was ist in diesem Raum möglich?	

5.8 Sprache und Sprachförderung

In der aktuellen fachlichen Diskussion wird Sprache als Querschnittsaufgabe verstanden, die im pädagogischen Alltag verankert ist und sich an den Interessen der Kinder orientiert. Sprache findet in allen Bildungsbereichen statt. Pädagogische Fachkräfte sollen die Bildungsprozesse und den Alltag der Kinder sozial sensibel, vorurteilsbewusst und sprachlich differenziert begleiten. Voraussetzung dafür ist die Gestaltung von Sprachanlässen, die zum Sprechen einladen einen bewussten Sprachgebrauch der Erwachsenen im Sinne eines Sprachvorbilds und die regelmäßige Selbstreflexion. (vgl. Weber, 2016, S. 70 ff.)

Fragen, die Sie sich stellen sollten:	**Anmerkungen:**
Wie beschreiben wir unser Verständnis und unsere Haltung zu der Begleitung der Sprachentwicklung?	
Wie verständigen wir uns über die Begriffe Sprachbildung, Spracherziehung und Sprachförderung und wie sehen wir die Umsetzung im pädagogischen Alltag?	
Haben wir die Zuständigkeiten innerhalb des Teams (Sprache als Aufgabe aller pädagogischen Fachkräfte und Sicherung des Themas über eine verantwortliche Expertin/einen verantwortlichen Experten) geklärt?	
Haben wir Erziehungs- und Handlungsziele formuliert?	
Lesen wir regelmäßig Bilderbücher, Gedichte etc. vor?	
Achten wir bei uns selbst auf richtige Grammatik und vollständige Sätze?	
Unterstützen wir die Kinder, ihre eigenen Ideen, Gedanken und Fragen zu formulieren?	
Beziehen wir fremdsprachliche Eltern als Lesepaten ein?	
Philosophieren wir auf angemessenem Niveau mit den Kindern?	
Bieten wir »literarische Zirkel« an?	

5.9 Integrative und inklusive Bildung, Betreuung und Erziehung

Viele Kitas stecken hinsichtlich einer integrativen Arbeit noch in den Kinderschuhen und verwenden die Begriffe Inklusion und Integration oft synonym. Was ist der Unterschied? Integration zielt darauf ab, Kindern mit Behinderungen und besonderen Bedürfnissen und Erfordernissen innerhalb einer regulären Einrichtung so gut es geht gerecht zu werden. Inklusion beschreibt eine Erziehung, die allen Beteiligten in Tageseinrichtungen für Kinder, Kinder- und Familienzentren, Schulen etc. eine größtmögliche Teilhabe am gemeinsamen Leben und Erleben und in der Zusammenarbeit mit anderen ermöglichen will.
Wollen Sie das Thema Inklusion angehen, dann sollten sich zunächst Gedanken machen, wie Sie diese für alle Beteiligten erfolgreich gestalten können.

Fragen, die Sie sich stellen sollten:	Anmerkungen:
Haben wir eine entsprechend reflektierte und vorurteilsbewusste Haltung?	
Wollen wir integrativ oder inklusiv arbeiten?	
Verfügen wir über die räumlichen Rahmenbedingungen (Barrierefreiheit/ Aufzug etc.)?	
Haben wir eine angemessene sächliche Ausstattung?	
Können wir – neben der Betreuungs-, Bildungs- und Erziehungsarbeit – auf erforderliche Verfügungszeiten zurückgreifen, um unser Tun auch laufend in unterschiedlichen Settings zu reflektieren?	
Stehen die entsprechenden vielfältigen Generalistinnen/Generalisten mit Spezialwissen zur Verfügung?	
Ist ein Netzwerk und Unterstützungssystem vorhanden, auf das man verlässlich zurückgreifen kann oder muss ein solches Kooperationssystem erst geschaffen werden?	
Ist ein ausreichender zeitlicher Rahmen gegeben, um sich ggf. die notwendige Fachkompetenz anzueignen?	

5.10 Diversity

»Die Welt trifft sich im Kindergarten!« – Vielfalt und Unterschiedlichkeit von Kindern und ihren Familien bilden sich seit vielen Jahren am deutlichsten in der Kita ab. Sie machen den Alltag interessant und stellen gleichzeitig eine große Herausforderung dar, diese wahrzunehmen und anzuerkennen. Auch zu diesem Thema braucht es in der Konzeption einer Kindertageseinrichtung Aussagen.
Die Unterschiede können sich beziehen auf Geschlecht, Religion, Alter, soziale Klasse, Sprache, Familienform, Hautfarbe, Behinderung/Beeinträchtigung, sexuelle Orientierung etc. Anhand dieser Unterschiede finden häufig Ausgrenzung und Diskriminierung statt. Um möglichst alle Kinder mit ihren Vorerfahrungen und Kompetenzen anzuerkennen und wertzuschätzen, muss sich diese gesellschaftliche Vielfalt in den Bildungsangeboten und der Raumgestaltung widerspiegeln. Damit ist die Auseinandersetzung und Abbildung von Vielfalt in der Kita ein Aspekt von Chancengerechtigkeit.

Fragen, die Sie sich stellen sollten:	Anmerkungen:
Wie kann es gelingen, auf die vorhandenen Unterschiede einzugehen, ohne die Kinder und ihre Familien zu stigmatisieren?	
Greifen wir abwertende Äußerungen der Kinder aktiv auf? Wenn ja, wie?	
Wie und wo zeigt sich Vielfalt in der Lernumgebung?	
Spiegeln sich Kinder und Kindergruppen mithilfe von Fotos wider?	
Sind die äußeren Merkmale der Kinder im Materialangebot erkennbar?	
Reflektieren wir im Team, wie jede/r Einzelne mit Unterschiedlichkeit umgeht und ob dieser Umgang mit Stereotypen und Vorurteilen verbunden sind oder mit korrekten und sachlichen Informationen?	
Wie gehen wir mit diskriminierenden Bemerkungen oder Verhaltensweisen um? Lassen wir diese zu oder werden sie in einer für Kinder nachvollziehbaren Weise zum Thema gemacht?	
Sind wir unserer eigenen Vorurteile bewusst?	
Kennt jede/r Einzelne, auf was sie »anspringt« (Verhaltensweisen, Eigenarten, Sprache etc.)?	

5.11 Gender

Auch wenn nur wenige Bildungs- und Orientierungspläne der Länder explizit eine geschlechtsbewusste Pädagogik thematisieren, ist es unseres Erachtens notwendig und in einer aktuellen Konzeption unabdingbar auch in Verbindung mit dem Thema Vielfalt in der Kita, Aussagen hierzu zu treffen.
Neben »Sex« als dem biologischen Geschlecht meint Gender, das soziale Geschlecht, das gesellschaftlich und kulturell geprägt ist und individuell in alltäglichen Interaktionen erlernt wird. Im Alter von 3–6 Jahren werden die Grundlagen für die Geschlechtsidentität geprägt und grundlegende Positionen in den Geschlechterpositionen erworben. Die Kindertageseinrichtung als wichtige Sozialisationsinstanz kann dieses Entwicklungsthema verengen oder Mädchen und Jungen vielfältige Zugänge zum Mädchen-sein, Junge-sein, Frau-werden, Mann-werden anbieten.

Fragen, die Sie sich stellen sollten:	Anmerkungen:
Was bedeutet für mich/uns Frau-/Mann-Sein und welche Auswirkungen hat das auf meine Rolle als pädagogische Fachkraft?	
Haben wir reflektiert, welches Rollenbild wir selbst durch unsere Erziehung vermittelt bekommen haben?	
Haben wir ein gemeinsames Grundverständnis von geschlechtsbewusster Pädagogik und hierüber entsprechendes Grundlagenwissen?	
Was nehmen wir wahr, wenn wir »mit der Genderbrille durch die Kita« gehen?	
Welche Erkenntnisse haben wir bzgl. der Aktivitäten, der Interaktion und Kommunikation mit Mädchen und Jungen und deren Nutzung der Räume?	
Wissen wir, mit welchen Entwicklungs- und/oder Bildungsthemen sich Mädchen und Jungen beschäftigen?	
Beteiligen wir Mädchen und Jungen gleichermaßen an Entscheidungsprozessen?	
Bietet die Materialauswahl in den Bildungsbereichen vielseitige Jungen- und Mädchenbilder und ist sie so attraktiv, dass Jungen und Mädchen dadurch angeregt werden und Zugang bekommen?	
Wie beziehen wir Mütter und Väter in die geschlechtsbewusste Pädagogik mit ein?	

5.12 Kinderschutz

Das Thema Kinderschutz hat nicht zuletzt durch die Voraussetzung eines Konzeptes zur Erteilung der Betriebserlaubnis (§ 45 Abs. 2 Nr. 3 SGB VIII) eine Aufwertung erfahren. Folgende Handlungspflichten sind nach § 8a SGB VIII zu erfüllen:

- gewichtige Anhaltspunkte für eine Gefährdung erkennen
- Einschätzung des Gefährdungsrisikos im Team und mit einer im Kinderschutz erfahrenen Fachkraft
- Einbeziehung der Erziehungsberechtigten, soweit dadurch der Schutz des Kindes nicht infrage gestellt wird
- Hinwirkungspflicht bei den Erziehungsberechtigten auf Inanspruchnahme von Hilfen
- Informationspflicht gegenüber dem zuständigen JA, sofern angenommene Hilfen nicht ausreichen, um die Gefährdung abzuwenden

Fragen, die Sie sich stellen sollten:	Anmerkungen:
Was verstehen wir unter Kindeswohl?	
Was verstehen wir unter Kindeswohl und was ist im engeren, gesetzlichen Sinn darunter zu verstehen?	
Was ist mit Kindeswohlgefährdung gemeint?	
Haben wir aktuelle und umfassende Erhebungsbögen (z.B. Kinderschutzbogen) für die unterschiedlichen Altersbereiche?	
Was tun wir bereits, um den Schutzauftrag nach § 8a umzusetzen?	
Was sind konkrete, gewichtige Anhaltspunkte für eine Gefährdung des Kindeswohls?	
Wer hat welche Rolle und Aufgabe, um den Schutzauftrag zu erfüllen?	
Haben wir ein Ablaufdiagramm (Flow-chart) zum konkreten Vorgehen, wenn Verdachtsmomente bestehen?	
In welchem regionalen Netzwerk ist die Einrichtung eingebunden?	
Welche Schritte sind verbindlich zu gehen, wenn Verdachtsmomente bestehen?	
Auf welches Unterstützungssystem kann ggf. zurückgegriffen werden?	

Wie sprechen wir mit Eltern über Beobachtungen, die Sorge bereiten?	
Wie gehen wir mit dem betroffenen Kind um? Wann und wie beziehen wir es bei der Gefährdungseinschätzung angemessen ein?	
Was tragen wir wie zu einem präventiven Schutz vor Gewalt bei?	
Wodurch zeichnet sich die Kita als sicherer, schutzbietender Ort für die Kinder aus?	
Begegnen wir den Kindern grundsätzlich mit Wohlwollen und Respekt?	
Existiert in der Kita ein offenes und angstfreies Klima, in dem die Vielfalt und Unterschiedlichkeit der Meinungen als Reichtum geschätzt wird?	
Respektieren wir jedes Kind in seiner einzigartigen Besonderheit?	
Respektieren wir auch kleinste Anzeichen von Widerstand gegen Berührungen?	
Unterlassen wir jede Form der Diskriminierung, Abwertung oder Bloßstellung Einzelner oder Gruppen?	
Holen wir uns bei den Kindern die Einwilligung ein, ihnen körperlich nahe zu treten?	
Geben wir den verbalen und nonverbalen Signalen der Kinder die größte Bedeutsamkeit und begegnen wir diesen mit erhöhter Aufmerksamkeit?	
Achten wir als Fachkräfte auf eine gesunde seelische, körperliche und geistige Entwicklung aller Kinder?	
Was wissen wir über die Familien der Kinder (Suchtprobleme, Erkrankungen, häusliche Gewalt etc.)?	

5.13 Partizipation

Die Erlaubnis zum Betrieb einer Einrichtung hängt, so in § 45 SGB VIII festgelegt, seit dem 1. Januar 2012 u.a. davon ab, ob das Kindeswohl gewährleistet ist und ob dies durch die Schaffung angemessener Beschwerdemöglichkeiten für Kinder und ebenso von Beteiligungsrechten sichergestellt wird. Beide Aspekte müssen – neben anderen – in der Konzeption, die der Träger zu erstellen und vorzulegen hat, dezidiert ausgeführt sein. Wirkliche Partizipation ist dann erkennbar und wirksam, wenn sie umfänglich praktiziert wird und Kinder in elementaren Bereichen Gestaltungs- und Einflussnahmemöglichkeiten haben. Mit Kindern partizipativ zu verhandeln und ihnen hierbei ein Entscheidungsmitwirkungsrecht einzuräumen, zielt auf eine Abgabe von Entscheidungsmacht der Fachkräfte/der Erwachsenen an die Kinder und Ausbau der Gestaltungsmacht aufseiten der Kinder ab.

Fragen, die Sie sich stellen sollten:	Anmerkungen:
Wird ihnen grundsätzlich, d.h. unabhängig vom Grad der Übereinstimmung wertschätzend begegnet?	
Hat jedes Kind die Möglichkeit, sich aktiv und gleichberechtigt in die Gestaltung des Alltags mit einzubringen?	
In welchen Belangen pflegen wir diese Beteiligung? In welchen (noch) nicht? Warum nicht?	
Werden die Perspektiven und Meinungen der Kinder von den Erwachsenen ernst genommen?	
Werden die Kinder nicht nur angehört, sondern gehört?	
Wird aktives, einfühlendes Zuhören und Verstehen von den Fachkräften gepflegt und bei den Kindern durch vorbildhaftes Verhalten gefördert?	
Ist die Haltung der Fachkräfte so ausgerichtet, die Kinder zu ermuntern, ihre Anliegen möglichst frühzeitig und direkt oder vor anderen Menschen zu äußern?	
Pflegen wir eine »fehlerfreundliche Kultur«?	

Gibt es Rituale und Formen zur Benennung von Unzufriedenheit, Problemen, Kritik und Beschwerden und sind diese fester Bestandteil des pädagogischen Alltags?	
Können die Kinder stets frei entscheiden, was sie mit wem und wie lange tun wollen?	
Können die Kinder bestimmen, wo für sie der richtige Platz ist?	
Bestimmen Kinder selbst, wo und mit wem sie z.B. beim Mittagstisch den Tisch teilen?	
Können sie frei entscheiden, ob sie Hunger haben, was und wie viel sie essen?	
Holen wir aktiv Vorstellung und Verbesserungsvorschläge der Kinder ein?	
Wird regelmäßig, z.B. mit einem symbolisch gestalteten Fragebogen, überprüft, ob sich die Kinder in der Kita wohl fühlen?	
Hinterfragen wir regelmäßig gemeinsam mit den Kindern die Regeln oder nur anlassbezogen bei Regelverletzungen?	
Beteiligen wir die Kinder bei der Erarbeitung/Überarbeitung von Regeln?	
Werden die Kinder ermutigt, ihren Standpunkt darzustellen und eigene wie andere, abweichende Sichtweisen zu akzeptieren, zu respektieren und zu schätzen?	
Überprüfen wir, ob die Nachhaltigkeit/ Wirkung von getroffenen Konsequenzen?	

5.14 Erziehungspartnerschaft

Die Zusammenarbeit mit Eltern in einer Kindertageseinrichtung ist keine Freiwilligkeit, sondern durch das Gesetz vorgegebene Aufgabe der pädagogischen Fachkräfte (§ 22a Abs. 2 SGB VIII). Jede Einrichtung muss daher angemessene Formen der Zusammenarbeit mit Eltern entwickeln.
In der Konzeption zu beschreiben sind:

- die Haltung Eltern gegenüber als Partner/innen in der Entwicklungsbegleitung des Kindes
- die Bedeutung der Zusammenarbeit von Eltern und pädagogischen Fachkräften »zum Wohle des Kindes«
- Planung, Gestaltung und Reflexion der Eingewöhnungsphase
- Entwicklungsgespräche unter Verwendung des Portfolios als Dokumentationsform von Bildungsprozessen
- Elternabende
- Möglichkeiten der Teilhabe am Kita-Alltag von Elternbeirat bis Hospitation
- Gestaltung von Aktivitäten und Projekten, bei denen sich Eltern mit ihren Ressourcen einbringen können.

Fragen, die Sie sich stellen sollten:	Anmerkungen:
Was bedeutet Erziehungspartnerschaft für uns?	
Welche Aspekte sehen wir, die für eine gemeinsame Verantwortung für die Erziehung der Kinder wichtig sind?	
Welche Bereiche/Aspekte/Themen erachten wir für bedeutsam, wenn es um die Gestaltung von Erziehungs-, Bildungs- und Betreuungspartnerschaft geht?	
Welche grundlegenden Haltungsaspekte sehen Sie als unabdingbar notwendig an?	
Welche Formen der Elternarbeit kennen bzw. praktizieren Sie? Welche davon sind in ihrer Wirkung am wertvollsten? Welche Möglichkeiten sehen Sie in der Zukunft? Wo liegen die »Chancen und Risiken« und wie könnte Letzteres reduziert werden?	
Welche Gewinne für das Kind und Ihre Arbeit erkennen Sie durch das Zusammenwirken der beiden »Welten«?	
Wo, wann, wie und in welchem Umfang besteht für Eltern die Möglichkeit, an einer solchen Ko-Produktion teil zu nehmen und eigene Kapazitäten und Kompetenzen einzubringen?	

5.15 Kooperationen und Vernetzung im Sozialraum

Kindertageseinrichtungen kooperieren in der Regel mit einer Vielzahl von Einrichtungen und Institutionen im Stadtteil. Dies ist nicht nur sinnvoll, sondern absolut notwendig, um den komplexen Herausforderungen des pädagogischen Alltags gerecht zu werden, Experten-/Expertinnenwissen zu nutzen und sich zu entlasten.

Fragen, die Sie sich stellen sollten:	Anmerkungen:
Warum wollen wir »netzwerken« und welche Gewinne versprechen wir uns davon?	
Welche Netzwerk- und Kooperationsstrukturen gibt es bereits?	
Wie »ergiebig« sind diese Kooperationen?	
Mit wem wollen wir neue Netzwerke eingehen?	
Mit wem »müssen« wir und mit wem »wollen« wir kooperieren?	
Welche Interessen könnte der Netzwerkpartner an einer Zusammenarbeit haben?	
Worin bestehen sein Motiv und seine Gewinne?	
Wer hat welches Ziel und wo bestehen Übereinstimmungen?	
Wie konkret soll die Kooperation aussehen?	

5.16 Zusammenarbeit mit der Schule

Die Zusammenarbeit mit der Schule als der wohl bekanntesten Form der Kooperation ist in den meisten Bundesländern durch eine Verwaltungsvorschrift o.ä. beschrieben. Dies macht deutlich, welchen Stellenwert der Übergang von der Kindertageseinrichtung in die Grundschule für alle Beteiligten, Kinder, Eltern und pädagogische Fachkräfte aufseiten der Schulen und der Kindertageseinrichtung hat. Ziel ist, den Übergang gemeinsam zu gestalten und ihn nicht als Bruch erlebbar zu machen.
Die oben genannten Vorschriften sind selbstredend die Grundlage für die Beschreibung in der Konzeption.

Fragen, die Sie sich stellen sollten:	Anmerkungen:
Wann beginnt für uns die vorschulische Phase? Im letzten Jahr oder mit Eintritt in die Kita?	
Was macht den Paradigmenwechsel von der »Schulfähigkeit« zur »Schulbereitschaft« aus?	
Wie lernen Kinder in der Kindertageseinrichtung und wie in der Schule?	
Was bedeutet die Vorbereitung des Kindes auf die Schule und die Gestaltung des Übergangs von der Kindertageseinrichtung in die Schule konkret?	
Wer sind die Kooperationspartner und welche Formen der Kooperation existieren?	
Welchen Kontakt haben wir zu den Kooperationslehrer/innen und mit welcher Qualität?	
Wie machen wir unsere schulvorbereitenden Aktivitäten gegenüber der Schule transparent?	

5.17 Kinder- und Familienzentren

Bundesweit entwickeln sich Kitas weiter zu Kinder- und Familienzentren. Gründe dafür sind:

- der Wunsch und die Notwendigkeit, Familie und Beruf zu verbinden
- Kinder besuchen immer früher und immer länger eine Kita
- Kinder werden fachlich stärker im System ihrer Familie wahrgenommen
- die abnehmende Einbindung von jungen Eltern in Familienstrukturen
- eine zunehmende Verunsicherung in der Erziehung der Kinder und damit einhergehend ein großer Bedarf an Entlastung und Unterstützung

Da Kitas ein selbstverständlicher Anlaufpunkt für Familien und Kinder sind, bietet dieser Rahmen hervorragende Voraussetzungen für wohnortnahe Anlaufstellen, einem Angebot von Betreuung, Bildung, Begegnung und Beratung für Familien und erleichtern den Zugang zu familienergänzenden Angeboten.
Ist die Kita ein Kinder- und Familienzentrum oder im Entwicklungsprozess gilt es, dies in die Konzeption aufzunehmen und den »Mehrwert« in Abgrenzung zur klassischen Zusammenarbeit mit Eltern zu beschreiben.

Fragen, die Sie sich stellen sollten:	Anmerkungen:
Wie sieht der Stadtteil aus, in dem sich die Kindertageseinrichtung befindet, welche Familien leben hier und welche weiteren familienunterstützenden Angebote gibt es?	
Was wollen wir als Team mit der Weiterentwicklung zu einem Kinder- und Familienzentrum erreichen, welche Ziele verfolgen wir?	
Welche Ideen haben wir, was im Kinder- und Familienzentrum stattfinden könnte, welche spezifischen Bedürfnisse haben die Familien im Sozialraum, von welchen Angeboten profitieren die Kinder in besonderem Maße?	
Welche zusätzlichen Ressourcen (personell, räumlich, sächlich) haben wir für die Arbeit als Kinder- und Familienzentrum und wie setzen wir diese ein?	
Haben wir die unterschiedlichen Lebenslagen und Lebensentwürfe und die Bedürfnisse von Familien im Blick und inwiefern orientieren wir daran unsere Angebote?	

Wo und wie beteiligen wir Mütter und Väter an der Ausgestaltung des Kinder- und Familienzentrums?	
Wodurch zeichnet sich die verstärkte Kooperation und Vernetzung im Sozialraum aus und welche Angebote stellen wir allen Eltern im Stadtteil zur Verfügung?	
Welche Formen der individuellen Förderung bieten wir Kindern insbesondere mit Entwicklungsrisiken an und wie binden wir Eltern in die Förderung ein?	
Haben Elterngruppen die Möglichkeit, auf das Raumangebot in der Einrichtung zurückzugreifen?	
Bieten wir verschiedene Kurse für die Elternbildung an?	
Gibt es im Kinder- und Familienzentrum eine Kooperation mit einer Erwachsenenbildungsstätte?	
Können die Familien mit unterschiedlichsten Fragen auf die Mitarbeiter/innen der Einrichtung zukommen?	
Sehen wir uns als Mitarbeitende in einer „Wegweiserfunktion“?	
Sehen wir uns Mitarbeiter/innen als „Vermittler/innen“?	
Bieten wir den Eltern an, bei Bedarf den Erstkontakt mit anderen unterstützenden Diensten oder den Besuch von Ämtern etc. zu begleiten?	
Haben wir ein geeignetes Evaluationsinstrument zur Überprüfung unserer Wirksamkeit?	
Ist die Intention, der Auftrag und der Angebotsrahmen der Einrichtung in der Konzeption verankert?	

6 Kontinuierliche Überprüfung der Konzeption

Unternehmen und Organisationen, die ein gesundes Verhältnis zur Kundenpflege und auch Kundenbindung haben, geben sich nicht damit zufrieden, lediglich ein Produkt zu verkaufen oder eine Dienstleistung zu erbringen. Sie wollen vielmehr wissen, ob ihre erbrachten Leistungen zur Zufriedenheit des Kunden beigetragen haben und wo ggf. »der Schuh drückt«. Wir denken, dass sich Kitas diese Haltung auch zu eigen machen müssen, wollen sie dauerhaft nachgefragt werden.

In der freien Wirtschaft ist es längst üblich, dass z.B. Autowerkstätten in einem angemessenen Abstand zur Reparatur bei den Kunden nachfragen, ob alles so ist, wie gewünscht und erwartet. Denn was bringt es für einen Nutzen, wenn der Eine denkt, ein Anliegen des anderen in dessen Sinne erledigt zu haben, es tatsächlich aber so nicht ist. Die Folge ist, dass dieser Kunde auf Dauer verloren geht, daraus nicht einmal ein Erkenntnisgewinn für das Unternehmen resultiert und somit auch keine Optimierungsmöglichkeit.

Deshalb ist neben einer laufenden Überprüfung, ob wir das Richtige richtig tun, auch eine ausgereifte Kultur im Umgang mit Fehlern und Kritik erforderlich. Soll im Sinne eines kontinuierlichen Verbesserungsprozesses, entsprechend einer lernenden Organisation, die Qualität stetig weiterentwickelt werden, ist ein offensiv ausgerichtetes und niederschwelliges Beschwerdemanagement zu installieren. Denn jede Beschwerde, für die man »dankbar« sein sollte, ist eine Chance zur Verbesserung. Und wer kann schon sagen, dass eine Verbesserung nicht möglich wäre?

6.1 Qualitätsmanagement

Unter Qualitätsmanagement verstehen sich die Qualitätsentwicklung, die Qualitätssicherung und die Qualitätskontrolle. Dabei müssen stets die Fragen im Mittelpunkt gesehen werden, was mit welcher Güte erreicht werden soll, wie die erreichten Standards beibehalten werden können und wie wir überprüfen können, ob wir das Richtige richtig tun. Diesen Fragen ist laufend nachzugehen, d.h. es darf in keinem Fall die Situation eintreten, dass in der Kita etwas getan wird, ohne darauf eine Antwort zu haben.

Fragen, die Sie sich stellen sollten:	Anmerkungen:
Haben wir beschriebene Ziele für unsere Arbeit?	
Gibt es hierfür Messindikatoren?	
Überprüfen/aktualisieren wir mind. jährlich unsere Konzeption?	
Worauf legen wir das Augenmerk unseres professionellen Handelns?	
Welche Räume sichern wir für eine dauerhafte Reflexionskultur im Team?	
Welche kollegiale Rückmeldekultur haben wir bzw. streben wir an?	
Nehmen wir an kita- oder trägerinternen Qualitätszirkeln teil?	
Ist die Weiterqualifizierung der pädagogischen Fachkräfte systematisch und zielgerichtet organisiert?	
Welche Verfahren und Messinstrumente verwenden wir zur Überprüfung der Qualität unserer Arbeit?	
Wann und wie lassen wir uns extern überprüfen? (z.B. durch kollegiale Visitation von Fachkräften, trägerübergreifende Evaluationen, Hospitation der Fachaufsicht)?	
Welche internen Auswertungen/Selbstevaluationen gibt es? (z.B. Zielüberprüfung, durch Checklisten)	

6.2 Beschwerdemanagement

Nach § 22a SGB VIII sind die Konzeption und der »Einsatz von Instrumenten und Verfahren zur Evaluation der Arbeit in den Einrichtungen« Grundlagen für die Erteilung der Betriebserlaubnis. Damit sind vom Gesetzgeber wesentliche Elemente eines Qualitätsmanagements eingefordert.	
Fragen, die Sie sich stellen sollten:	**Anmerkungen:**
Welche Haltung haben wir zu Beschwerden?	
Fordern wir Eltern offensiv auf, ihre Unzufriedenheit zeitnah zum Entstehen und möglichst direkt zu formulieren?	
Welche Möglichkeiten gibt es für Eltern, die pädagogische Arbeit zu bewerten? (z.B. mündliche Rückmeldungen in Tür- und Angelgesprächen, Elternbriefkasten, Rückmeldungen nach Elternabenden durch Rückmelde- und Auswertungsbögen, regelmäßige schriftliche Elternbefragungen)	
Welche Feedbackmöglichkeiten gibt es für Eltern? Wo können sie sich beschweren?	
Welche Bearbeitungsstandards haben wir für die Entgegennahme, Bearbeitung und Rückmeldung von Beschwerden?	
Beteiligen wir Beschwerdeführer bei der Lösungsfindung?	
Haben wir die Nachhaltigkeit von Lösungen im Blick und wie sichern wir sie ab?	
Dokumentieren wir die Beschwerdegründe und werten wir sie aus?	

6.3 Konfliktmanagement

<table>
<tr><td colspan="2">Wo Menschen zusammen sind, kann es zu zwischenmenschlichen Spannungen kommen. Sie sind Vorboten von Konflikten. Fehlt ein entsprechendes »Frühwarnsystem für Konflikte«, können sich Spannungen auswachsen und eine dynamische Entwicklung nehmen. Je früher eine Spannung erkennbar wird und je eher eine solche Situation thematisiert wird, desto leichter lässt sie sich sowohl treffend »diagnostizieren« als auch zielgerichtet und ergebnisreich bearbeiten.</td></tr>
<tr><th>Fragen, die Sie sich stellen sollten:</th><th>Anmerkungen:</th></tr>
<tr><td>Ist uns klar was ein Konflikt ausmacht und von einem Problem, einer schwierigen Situation oder einer Krise unterscheidet?</td><td></td></tr>
<tr><td>Welche Haltung haben wir zu Konflikten?</td><td></td></tr>
<tr><td>Ist uns bewusst, welche vielfältigen Konfliktarten es gibt und differenzieren wir entsprechend? (Beziehungs-, Sach-, Werte-, Macht-, Verteilungskonflikte usw.)</td><td></td></tr>
<tr><td>Kennen wir den Unterschied zwischen interpersonellen und intrapersonalen Konflikten?</td><td></td></tr>
<tr><td>Kennen und beachten wir die Eskalationsdynamik, die eintritt, wenn ein Konflikt nicht frühzeitig aufgegriffen und geklärt wird?</td><td></td></tr>
<tr><td>Wissen wir, welche Methoden zu Konfliktklärung auf welcher Eskalationsstufe erfolgversprechend sind? (Beratung, Supervision, Coaching, Mediation etc.)</td><td></td></tr>
<tr><td>Haben wir geklärte Verfahren, wie mit Konflikten umgegangen werden soll?</td><td></td></tr>
<tr><td>Haben wir in der Kita Kompetenzen, die zur Konfliktbearbeitung genutzt werden können?</td><td></td></tr>
<tr><td>Haben wir Bearbeitungsstandards festgelegt und wenn ja, welche?</td><td></td></tr>
<tr><td>Haben wir die Nachhaltigkeit von Lösungen im Blick und wie sichern wir sie ab?</td><td></td></tr>
<tr><td></td><td></td></tr>
</table>

6.4 Marketing

Wer glaubt, Marketing sei doch nur etwas für Profit-Unternehmen, der irrt. Jedes Unternehmen, also auch solche im Sozialbereich, sind gut beraten, wenn sie sich ein Konzept erarbeiten, das sie zu einer unverwechselbaren und konkurrenzfähigen »Marke« machen.

Fragen, die Sie sich stellen sollten:	Anmerkungen:
Marktanalyse	
Wissen wir, was die Bedürfnisse unserer Kunden von morgen sind?	
Welche gesellschaftlichen Trends haben Auswirkungen für die Kita?	
Zielgruppenanalyse	
Mit welchen Familien haben wir es in der Kita zu tun?	
Gibt es eine spezielle Zielgruppe, die wir erreichen wollen?	
Umfeldanalyse	
In wie sieht das Gemeinwesen aus, in dem wir als Kita angesiedelt sind?	
Welche Kontakte haben wir?	
Mitbewerberanalyse	
Was bieten unsere Mitbewerber?	
Was wissen wir über sie?	
Eigensituationsanalyse	
Wie sieht unser Konzept aus, mit dem wir den Orientierungsplan/Bildungsplan umsetzen?	
Welche Konditionen bieten wir?	

Welche Stärken, welche Schwächen haben wir?	
Wie ist unser Ruf?	
Bewertung der Ist-Analyse	
Welche besonderen Stärken hat unsere Kita im Vergleich zu anderen?	
Was hebt uns von anderen Einrichtungen ab?	
Strategieentwicklung	
Welchen Trends und Bedürfnissen kann unsere Kita aktuell noch nicht (ausreichend) entsprechen?	
Für welche Zielgruppen ist unser Angebot noch unzureichend?	
Wo »unterliegen« wir anderen Anbietern?	
Entwicklung einer Vision	
Wie soll unsere Kita in einem Jahr, in zwei, drei Jahren aussehen?	
Was wollen wir den Kindern bieten?	
Was wollen wir als Kita für die Eltern sein?	
Welche Zielgruppen wollen wir erreichen?	
Planung der Umsetzung	
Was wollen wir konkret verändern?	
Was muss von wem, wie und bis wann getan werden?	
Woran messen wir, dass unsere Maßnahmen erfolgreich waren	

6.5 Fundraising

Würden Sie sagen, dass Sie mehr Geld haben, als Sie benötigen oder Sie weniger Wünsche als finanzielle Mittel haben? Wenn ja, dann brauchen Sie sich keine Gedanken um Fundraising machen. Lautet die Antwort »nein«, könnte Ihnen ein fundiertes Fundraisingkonzept einen Weg aus diesem Dilemma aufzeigen und Ihrer Einrichtung in wirtschaftlich schwierigen Zeiten zu Mehreinnahmen verhelfen. Unter Fundraising sind verschiedene Formen der Beschaffung von Geldmitteln, Sachmitteln oder auch Zeit für gemeinnützige Einrichtungen zu verstehen. Die Kita braucht für diese Spenden keine Gegenleistung zu erbringen. Derjenige, der die Kita unterstützt, kann also nicht damit rechnen, dass es sich für ihn »rechnet«, aber natürlich sind Spender leichter zu motivieren, wenn die Kita eine gute Öffentlichkeitsarbeit hat und im günstigsten Fall der Spender nach außen erkennbar gemacht wird.	
Fragen, die Sie sich stellen sollten:	**Anmerkungen:**
Inhalte eines Fundraisingkonzeptes	
Für welche Werte steht unsere Einrichtung? Welches Menschenbild transportieren wir?	
Wie verstehen wir Kommunikation?	
Auf welche Art und Weise (Stil/Sprache) möchten wir Aufmerksamkeit erreichen?	
Welche Art von Unterstützung suchen wir?	
Wer kommt für uns als Unterstützer infrage und welche bestehenden Kontakte können wir nutzen?	
Welche Maßnahmen und Kooperationspartner lehnen wir ab?	
Was macht uns für welche Spender interessant?	
Wie wollen wir auf die potenziellen Unterstützer zugehen?	
Was bieten wir den Unterstützern an?	

Öffentlichkeitsarbeit	
Welche Kontakte zu den relevanten Medien haben wir?	
Gibt es Kontakte zu Meinungsbildnern aus Politik und Verwaltung?	
Ist in der Einrichtung eine Person als konkrete/r Ansprechpartner/in für Personen aus diesem Umfeld benannt?	
Gewährleisten wir innerhalb und außerhalb der Einrichtung Einsicht in die Vorgehensweisen der Kita durch allgemein verständliche Aufbereitung von Informationen?	
Stellen wir Tatsachen, Umstände und Zusammenhänge objektiv dar, ohne die Wirklichkeit zu schönen?	
Verstehen die Medien und Förderer, was unsere Einrichtung bewegt und verstehen Sie, was die Öffentlichkeit bedeutsam findet?	
Haben wir ein Vertrauensverhältnis zwischen der Einrichtung, der Öffentlichkeit und den Medien hergestellt?	
Effektive Kommunikationsinstrumente	
Homepage:	
Sind wir im Internet vertreten?	
Wenn ja, ist die Homepage überschaubar und leicht nachvollziehbar?	
Verwenden wir ein unaufdringliches Layout?	
Verwenden wir eine einfache und nachvollziehbare Sprache, die auch von Außenstehenden verstanden werden kann?	

Image-Broschüre:	
Haben wir eine kleine Zeitschrift mit ansprechendem Foto- und Textmaterial zu Ihrer Einrichtung?	
Wenn ja, ist darin unser Leitbild enthalten, sind Zahlen, Daten & Fakten benannt?	
Geht daraus hervor, was unsere Einrichtung von anderen abgrenzt?	
Pressemappe:	
Verfügen wir über eine Zusammenstellung von Infomaterialien, die Medienvertretern/innen die Chance gibt, sich schnell einen guten ersten Eindruck von der Einrichtung zu machen?	
Wenn ja, sind folgende Pflichtelemente beinhaltet? • Image-Broschüre • die letzten drei Pressemitteilungen, • der Pressespiegel zu unserer Einrichtung, Statements von Meinungsbildnern zu unserer Einrichtung • eine auf CD gebrannte Auswahl guten Bildmaterials inklusive Logo	
Bildmaterial:	
Können wir auf ansprechendes Bildmaterial zur Einrichtung zurückgreifen und Interessenten (Förderer und Medienvertreter/innen) anbieten?	

Wie auf die potenziellen Unterstützer zugehen?	
Direkter Kontakt:	
In welchem Fall ist für uns welcher Weg am erfolgversprechendsten? • das persönliche Gespräch • das telefonische Gespräch • der Spenderbrief • die Spender-E-Mail • Haustür- und Straßensammlungen • Anlassspenden (Sammlungen auf Jubiläen, Hochzeiten, Firmen-Feiern)	
Spendenaufruf/Benefizveranstaltungen (Events):	
Welche Möglichkeit ist für uns am günstigsten: In Kombination mit • einem Fest, • einem »Tag der Offenen Tür« • mit Tombolas • einem Basar • Aufstellung von Spenden-Sammeldosen (z.B. in örtlichen Geschäften) • über unsere Kontakte zu der regionalen Presse (Anzeigen, Beilagen, Werbespots) • über unsere Homepage und die sozialen Medien	
Weitere Möglichkeiten: • Bußgeldmarketing für gemeinnützige Organisationen und/oder • Crowdfunding (Unterstützer gewinnen über das Internet)	

7 Kreative Methoden zur Konzeptionsentwicklung

Kettengeschichte

Oft fällt es in Anfangssituationen eher schwer, die eigene Fantasie anzuregen und »in Schwung« zu kommen. Eine lockere, offene und heitere Atmosphäre ist hierzu förderlich. Die folgende Übung kann einen wesentlichen Beitrag leisten.

Stellen Sie zunächst im Raum verteilt »Stuhlnester« → 4 Stühle auf und besorgen Sie sich einen Gong, eine Klingel o.ä.

Bitten Sie die Teilnehmer/innen, sich einen Platz in einem Nest zu suchen und sich dort hinzusetzen. Dies kann auch schon zu Beginn der Veranstaltung sein, d.h., wenn die Teilnehmenden den Raum betreten. Führen Sie dann nur ganz knapp in die Methode ein und nennen Sie vor allem die Bedeutung des Signals.

Sind alle Plätze in den Nestern besetzt, soll eine Person auf ein Signal hin mit dem Erzählen einer fantastischen Geschichte beginnen. Nach 30 Sekunden lässt die Moderation ein Signal (Gong, Klingel, Triangel etc.) ertönen, das für die im Uhrzeigersinn nächste Person das Zeichen ist, das letzte Wort der vorherigen Person aufzugreifen und die Geschichte fortzusetzen. Nach 30 Sekunden erfolgt wiederum ein Signal und die nächste Person ist an der Reihe. So geht es weiter, bis die Geschichte vier bis fünf Runden gemacht hat. Ein letztes, doppeltes Signalzeichen zeigt das Ende an. Danach können sich die Teilnehmer/innen zunächst innerhalb der jeweiligen Nester austauschen und danach auch aus dem Kreis heraus den anderen Teilnehmenden von ihren Eindrücken berichten.

Die Kettengeschichte kann sowohl themenbezogen als auch frei assoziiert werden.

Zweifellos erhalten die Kommunikation und der Kontakt miteinander eine völlig andere Qualität.

Arbeit mit Forscherfragen zur Einstimmung

- Welche Vorteile verbinden wir mit einem KE-Prozess (KE = Konzeptionsentwicklung) bzw. mit einer fertigen Konzeption?
- Woran erkennen wir am (vorläufigen) Ende eines KE-Prozesses, dass die Konzeption stimmig ist?
- Welche Ideen haben wir, Kinder am KE-Prozess zu beteiligen?
- Wie können wir den KE-Prozess für Eltern transparent machen?
- ...

»Kita-ABC«

Im Brainstorming-Verfahren wird ein »Kita-ABC« erstellt. Das können gesammelte Begriffe sein, die die Kita beschreiben von Außengelände bis Ziele oder im Sinne der wichtigsten Punkte von Anorak bis Zähneputzen, die an das Ende der Konzeption angehängt werden.

Einen Slogan entwickeln

Füllen Sie die Buchstaben von **KONZEPTION** mit Begriffen, die für Ihre Kita eine Bedeutung haben, z.B.

K inder
O rientierung
N atur
Z usammen
E ltern
P rofil
T ...
I ...
O rt fürFamilien
N est

Dies ist hilfreich, um Inhalte auf den Punkt zu bringen und daraus einen Leitsatz zu formulieren, z.B.: Kita Wasserstraße – Ein Ort für Kinder und Familien!

Rollenübernahme

Diese können Auszubildende, Lehrer/in, Trägervertreter/in, Elternteil etc. sein. Alle Teammitglieder beantworten mit ihrer speziellen Brille die Frage »Was muss aus meiner Sicht in der Konzeption unserer Kindertageseinrichtung festgeschrieben sein? Worüber möchte ich in der Konzeption informiert werden?« Auf dieser Grundlage kann ein Inhaltsverzeichnis erstellt werden, das leitend für den weiteren Prozess ist.

Mindmap

Eine Mindmap ist eine effektive Methode zum Entwickeln von Themensammlungen zu einem Grundthema. Hier können Gedanken wachsen und vertieft werden. Eine gelungene Mindmap bündelt und öffnet ein Thema zugleich. »Spick-Maps« sind Themenkarten in Form von Mindmaps. Sie dienen hervorragend der Überprüfung, ob an alles gedacht wurde oder welche Inhalte noch fehlen.

Die 6-3-5 Methode

Die 6-3-5 Methode ist auch als »Brainwriting« bekannt und damit eine Weiterentwicklung des »Brainstormings«. Sechs Teilnehmer/innen schreiben zu einer vorgegebenen Frage jeweils drei Lösungsideen auf einem Arbeitsblatt untereinander. Jede dieser Ideen wird durch Herumreichen der Blätter fünfmal ergänzt, konkretisiert oder modifiziert. Zum Schluss hält jedes Gruppenmitglied seine ursprünglichen Ideen wieder in der Hand – insgesamt max. 15-mal weitergedacht. Die Ideen können mittels Punktung in einer Austauschrunde bewertet werden. Bei 8 Teilnehmer/innen heißt diese Methode 8–3-7 etc.

Beispielfrage: Wie können wir Eltern bei der Konzeptionsentwicklung beteiligen?

Arbeitsblatt 6-3-5 Methode

Frage/Thema:		**Name**
Idee 1	**Idee 2**	**Idee 3**

Konzeptionsbaum

Anhand eines großen auf Packpapier gemalten Baums werden alle wichtigen Themen der Kindertageseinrichtung vom Boden des Baums (Wo befinden wir uns?) über den Stamm (Was bieten wir Kindern und Eltern an?) bis hin zu den Ästen (Was sind unsere Entwicklungsthemen? Wo geht es hin?) und den Blättern (Was setzen wir konkret um?) erfasst. Dieser Konzeptionsbaum bietet eine gute Grundlage für die Erstellung des Inhaltsverzeichnisses und liefert Stichworte für einzelne Themenbereiche. (vgl. Jacobs 2009)

Wunschbaum

Für einen Wunschbaum, der im Eingangsbereich aufgestellt wird, können Eltern, pädagogische Fachkräfte und Kinder Wünsche aufschreiben (lassen) zur Frage: »Was wünsche ich Kindern für die Zukunft?«

Dies ist eine schöne Einstimmung für das Formulieren von Erziehungszielen.

Kritikblätter

Bei der Arbeit mit Kritikblättern geht es um die Erkundung der Kritikpunkte und um die Herstellung eines Meinungsbildes bezogen auf die bestehende Konzeption.

Jede Kleingruppe (3–5 Personen) erhält ein Blatt mit einer Kritikfrage (z.B.: »Was finde ich an unserer aktuellen Konzeption verbesserungswürdig?« oder »Was gefällt mir an der Konzeption nicht so gut?«). Auf diesem Blatt notieren die Teilnehmer/innen stichwortartig ihre Meinungen (20 Min.).

Im Folgenden werden die einzelnen Ergebnisse der Gruppe transparent gemacht, anschließend wird eine Rangfolge gebildet, um die Punkte nach und nach abzuarbeiten.

Negativ-Positiv-Übung

Nicht selten ist es so, dass man selbst in negativen, beengenden Situationen verhaftet, voreingenommen, eher pessimistisch ist und der Glaube, aus diesen »Sumpfsituationen« herauskommen zu können, verloren gegangen ist. Diese Übung kann einen Beitrag leisten, darüber hinweg zu helfen.

Erforderlich sind lediglich ein Stuhlkreis, fünf Minuten Zeit und eine von der Moderation vorbereitete Liste mit Negativbegriffen.

Die Moderation ruft in der Rolle einer Marktschreierin/eines Marktschreiers verschiedene Negativbegriffe in die Runde und fordert die Teilnehmenden auf, jeweils das Gegenteil zu nennen: z.B. »zäh« – »lebendig« oder »bleischwer« – »federleicht« usw. In der Folge können auch die Teilnehmer/innen die Funktion der Moderation übernehmen und selbst Begriffe einbringen. So ist es in der Regel für die Gruppe möglich, eine Umkehrung der Kritik vorzunehmen.

Flexibilität

Manchmal gelingt es nicht so leicht, gewohnte Perspektiven gegen Neue auszutauschen. Denkblockaden stehen teilweise neuen, genialen Lösungsoptionen im Weg. Eine bekannte Situation aus einer anderen Perspektive zu betrachten, diese Chance bietet diese Übung.

Anweisung an eine Kleingruppe (3–7 Personen): »Denken Sie an eine Schwierigkeit/an ein Problem und beantworten Sie spontan und beherzt – ohne lange zu überlegen – diese Fragen (15–20 Min.):

1. Welche Lösung wäre die übliche?
2. Welche Lösung wäre Ihnen am sympathischsten?
3. Welche Lösung wäre die kreativste?
4. Welche Lösung wäre die Ihnen am fremdeste?
5. Welche Lösung wäre die egoistischste?
6. Welche Lösung wäre die verrückteste?
7. Welche Lösung wäre die mutigste?

Stellen Sie Ihre Antworten im Plenum kommentarlos vor. Entscheiden Sie gemeinsam, welche Idee weiter verfolgbar erscheint und arbeiten Sie diese entsprechend aus.

Kopfstandmethode

Nicht selten ist der Blick für den direkten Weg zum Ziel versperrt. Ein paradoxes herangehen kann Blickwinkel verändern und den Horizont für Lösungen erweitern.

Geben Sie einer Kleingruppe (3–7 Personen/15–20 Min.) den Auftrag, z.B. nicht der Frage nachzugehen »Wie kann eine Zusammenarbeit mit Eltern/im Team optimal aussehen?«, sondern umgekehrt »Was könnten wir tun, damit eine Zusammenarbeit mit Eltern/im Team völlig misslingt?«

Aktivieren Sie Ihre »kriminelle Energie«, sammeln Sie Ihre »Horrorideen« auf einem Flipchart und stellen Sie Ihre Ergebnisse im Team vor.

In der Umkehrung der einzelnen Punkte liegt die Wahrheit. Denn wenn man weiß, wie man ein Chaos anstellen kann, dann ist auch das Wissen um bestmögliche Lösungen vorhanden.

SOPE-Methode (Sammeln, Ordnen, Punkten, Entscheiden)

Die Methode eignet sich besonders für die Phase der Ideenfindung. Ziel ist es, Ideen ungeordnet und unzensiert zu sammeln und sie anschließend systematisch zu strukturieren und zu bewerten.

Bereiten Sie als Moderator/in zunächst den Raum und das Material vor:

Kreisbestuhlung, Wandzeitungen, Pinnwände, Metaplan-Kärtchen in unterschiedlicher Form und Farbe, Filsstifte oder Ölkreide, bunte Klebepunkte.

Bringen Sie die Klebestreifen (Kreppklebeband) senkrecht mit etwas mehr Abstand als Kartenbreite mit der Klebefläche nach vorne auf der Stellwand an und fixieren Sie die Streifen oben und unten mit Querstreifen. Dies hat den großen Vorteil, dass Sie die Karten leicht anbringen und später auch noch umsortieren können.

Die »SOPE-Methode«, die von einer moderierenden Person geleitet werden sollte, gliedert sich in vier Phasen:

1. Fragestellung entwickeln und visualisieren

Formulieren Sie eine präzise Frage. Zum Beispiel: »Was mich an unseren Tramsitzungen am meisten stört« oder »Was können wir tun, um unsere Zusammenarbeit mit den Eltern weiter zu verbessern?« Es ist sinnvoll, die Fragestellung zu visualisieren, damit zielgerichtet Ideen/ Vorschläge gesammelt werden und das Ziel nicht aus den Augen verloren wird.

2. Karten austeilen

Das Sammeln von Ideen kann sowohl in Einzelarbeit, im Tandem als auch in kleineren Gruppen erfolgen. Bei Einzelarbeit kommen die individuellen Beiträge zum Vorschein, bei Gruppenarbeit werden die Beiträge bereits vordiskutiert und es werden bereits intensiver durchdachte Vorschläge eingebracht. Bei schwierigen und komplexen Fragestellungen empfiehlt sich eine Gruppenarbeit, damit sich die Teilnehmer gegenseitig anregen können.

Jede teilnehmende Person erhält bei kleineren Gruppen eine beliebige Anzahl von Karten, bei größeren Gruppen ca. 3–5 Karten.

Auf jede Karte soll in gut lesbarer Schrift mit einem kräftigen Filsstift, am besten in Druckbuchstaben, ein Begriff verschriftlicht werden.

3. Karten aufkleben (sammeln und ordnen)

Bitte Sie nun eine Person zu beginnen, herauszutreten und **eine Karte** auf einer »Themensäule« aufzukleben. Wenn die Karte platziert ist, sollte gleichzeitig für alle Teilnehmenden geklärt werden, was mit der Karte gemeint ist. Die Person, die gerade ihre Karte aufgeklebt hat, fragt, wer in der Gruppe einen gleichen oder ähnlichen Begriff auf einer Karte notiert hat und fordert nun auf, die Karten **nacheinander** aufzukleben, bis der »Themenstrang« voll ist, d.h. bis alle eindeutig passenden Karten auf einem, oder – je nach Menge – mehreren Strängen gesammelt sind. Jede Person sollte kurz zu erläutern, was mit der Karte gemeint ist. Die Moderation achtet darauf, dass die Prozedur geordnet abläuft und hinterfragt ggfs. die thematische Zuordnung, wenn sie nicht logisch erscheint. Sollte keine passende Karte mehr vorhanden sein, ist diese Themensäule geschlossen und eine Neue wird eröffnet. Danach setzt sich der Vorgang in gleicher Weise fort, bis alle Karten vorgestellt und aufgeklebt sind. Nun werden unter Mithilfe der Moderation für die einzelnen Stränge allseits akzeptierte Überschriften gefunden und auf z.B. »Wolkenkarten« o.ä. vermerkt, damit diese gleich als Themen erkennbar sind. Dies ist wichtig, weil im nächsten Schritt nicht mehr auf die einzelnen Aussagen der Kärtchen eingegangen wird, sondern auf das Thema der Überschrift. In diesem Arbeitsschritt haben Sie nun nicht nur die Ideen gesammelt und vorgestellt, sondern ebenso zeitgleich geordnet.

4. Punkten

Nachdem die Cluster (Überschriften über die Themenstränge) benannt wurden, können sie durch eine Mehr-Punktabfrage eine Gewichtung vornehmen. Wichtig: Nicht die einzelnen

Karten, sondern die Cluster werden gewichtet. Bringen Sie hierzu am unteren Ende eines jeden Themenstranges eine unbeschriftete z.B. ovale Meta-Plankarte an. Verteilen Sie an jede teilnehmende Person sieben (farbige) Klebepunkte und fordern sie dazu auf, eine Bewertung der Themensäulen durch »Punkten« in folgender Weise vorzunehmen: Pro Säule können pro Person maximal drei Punkte vergeben werden. Die Punkte sollen auf die unten angebrachte Karte aufgeklebt werden. Eine Begründung für die individuelle Bepunktung ist nicht notwendig.

5. Entscheiden

Am Ende der Bewertungsaktion werden die Punkte öffentlich ausgezählt und auf der Ergebniskarte gut lesbar vermerkt. Nun kann eine Priorisierung mit einer Rangfolge 1, 2, 3 usw. vorgenommen werden, d.h., die Ergebniskarte mit den meisten Punkten erhält die Nummer 1 und ist somit – laut Gruppenbeschluss – das wichtigste Thema mit deren Bearbeitung begonnen werden soll. Die »Tesa-Krepp-Strangtechnik« zeigt sich auch hier von Vorteil, lassen sich doch die jeweiligen Themenstränge mit den Karten leicht abnehmen und z. Bsp. in Arbeitsgruppen transportieren.

Diese SOPE-Methode erfordert – je nach Gruppengröße – angemessen Zeit und sollte nicht unter Zeitdruck durchgeführt werden.

Ideenbewertung

Liegen Ideen auf dem Tisch, ist es manchmal gar nicht so einfach, sich für die wirklich am besten geeignete zu entscheiden. Eine gründliche Auseinandersetzung mit den Stärken und Schwächen einer Idee kann im Team anhand folgender Fragestellungen erfolgen:

1. Ist die Idee einleuchtend?
2. Was ist das Faszinierende daran?
3. Welchen Nutzen hat die Idee?
4. Welche Schwächen sind erkennbar/denkbar?
5. Wie lassen sich die Schwächen beseitigen oder minimieren?
6. Ist die Idee realisierbar?
7. Unter welchen Voraussetzungen ist die Idee realisierbar?
8. Welche (weiteren) Konsequenzen könnte die Idee haben?
9. Welcher Aufwand wäre zur Realisierung erforderlich?
10. Wer ist zu einer Realisierung der Idee bereit?
11. Wer muss noch für die Idee gewonnen werden?
12. Was ist noch von wem und bis wann zu tun?

Projekt-Skizzen

Wurden erste Ergebnisse erarbeitet, steht an, diese zu konkretisieren und danach umzusetzen. Die hier beschriebene Methode eignet sich dazu, sich auf eine Systematik zu verständigen, welche Maßnahmen erfolgen sollen.

Vorbereitung: Flipchart-Bögen mit Fragen (siehe unten), Ölkreide oder Filzstifte, geeignete Räume oder Arbeitsecken im Gruppenraum, ca. 30 Minuten Zeit

Jede Kleingruppe erhält die Aufgabe, zu einer ausgewählten Idee bzw. einem Vorschlag einen Umsetzungsplan im Sinne einer Projektskizze zu entwerfen.

Dabei sollen folgende Fragen beantwortet werden:

1. Was soll umgesetzt werden, um was geht es?
2. Wie soll es umgesetzt werden?
3. Welche Schwierigkeiten können auftreten?
4. Wer macht was gemeinsam mit wem bzw. wer gibt dabei Unterstützung?
5. Wann und wo soll begonnen werden?
6. Wann soll die Aufgabe erledigt sein?
7. Woran wird abzulesen sein, dass die ganze Aktion erfolgreich war?

Diese Fragen werden für die Mitglieder auf einem Flipchart-Papier vorbereitet und in die Gruppenarbeit mitgegeben. Im Plenum wird der Maßnahmenplan präsentiert, bei Bedarf diskutiert und modifiziert, danach verabschiedet und in einem Kontrakt festgehalten.

Hilfreich ist, wenn für diese Methode eine Moderation zur Verfügung steht. Diese sollte prüfen, ob die einzelnen Fragestellungen präzise bearbeitet wurden. Insbesondere ist die Frage 7 sehr wichtig, denn die Überprüfungskriterien müssen unmissverständlich formuliert sein. Verleihen Sie auch dem Kontrakt eine angemessene Bedeutung, indem Sie die betrauten Personen – wie in einem echten Vertrag – unterschreiben lassen. Das erhöht die Verbindlichkeit.

Verfremdungsübung

Die Kita auf einer Seite! Schreiben Sie ein Exposé, in dem nur die Stärken dargestellt sind. Das ist sehr hilfreich, um sich der Stärken der Kita bewusst zu werden.

Literatur

Buchner, K./Weller, F. (2011): Erfolgreiches Fundraising für Kitas. Köln/Kronach: Carl Link.

FiBL – Deutschland e.V. (o. J.): Leitfaden Spendenakquise. Kinder-Garten im Kindergarten – Gemeinsam Vielfalt entdecken.

Fthenakis, E. W. et al. (2003): Träger zeigen Profil, Qualitätshandbuch für Träger von Kindertageseinrichtungen. Beltz Verlag.

Hollmann, E. (2000): In sieben Schritten zur Konzeption – Wie Kindertageseinrichtungen ihr Profil entwickeln. Kallmeyer Verlag.

Jacobs, D. (2009): Die Konzeptionswerkstatt in der Kita. Verlag das Netz.

KVJS Baden-Württemberg (2015): Orientierungshilfe zur Erstellung einer pädagogischen Konzeption für Kindertageseinrichtungen.

KVJS Baden-Württemberg (2009): Die pädagogische Konzeption – fachliche Impulse und Literaturhinweise.

Weber, K. (Hrsg.) (2016): Die Kita-Konzeption – Stärkung und Weiterentwicklung Ihres pädagogischen Profils. Köln/Kronach: Carl Link.

Stichwortverzeichnis